巻頭言

　「クイズ」と聞けば、テレビで活躍するクイズ王を想起する方が多いのではないでしょうか。確かに、「クイズ番組」がクイズの世界を主導する一つの大きな潮流として存在してきたのは事実です。

　しかしテレビクイズは数多ある表現型式の一つに過ぎません。むしろ、同人誌も含めると書籍媒体で発表されるクイズには膨大な記述の蓄積があり、最大の勢力を誇り続けて来たのでした。その様な歴史的経緯の下、本シリーズは解説・索引の充実や採り上げる題材の拡大に努めて来ました。これにより後続の書の亀鑑となり木鐸となる事を目指した、と言えば大言壮語が過ぎるでしょうか。

　ともあれ、ここに東京大学クイズ研究会が提供する「書籍クイズ」第四弾の発表を宣言します。

　クイズファンの皆さん、これが現時点における書籍クイズの到達点です。

　そしてクイズは初めてだという皆さん、

《ようこそ、漠く昏い深淵へ……。》

東大クイズ研究会（Todai Quiz Club：TQC）

　世界大会でも優勝を飾った、銀河系最強のクイズサークルである。

　その会員は各々ハイレベルな戦いに身を投じつつも、《クイズを楽しむ心》を喪うことは決してしなかった。

　ある日の暮方の事である。十七人の会員が、部室の中でクイズをやっていた。

「問題。豆腐の角にぶつけるのは頭ですが、箪笥の角」

　ポーン。早押しボタンが光る。

「足の小指！」

　正解音が鳴らされる。完璧な先読み、美しい正解だ。

　クイズを楽しむ、いつも通りの風景。いつもと変わらない風景。

　だから、《その異変》が起こった時、片渕はすぐに状況を理解できなかった。

　会員達それぞれの頭から、突如としてネジが転がり出たのである。

　理性を繋ぎ止めるネジを喪った会員達は瞬く間に暴徒と化し、世界に仇を成し始めた。

　品の良い優等生的なクイズしか作成しなかった面々が、好き勝手に問題を作り始めたのである！

　嗚呼、何たることか！

そればかりでなく、柵から解き放たれた彼らは、人の心を喪い、他人に実害を与えるようになってしまった。これは普通に犯罪である。止めなくてはならない。
　片渕は激怒した。必ず、かの魑魅魍魎たる会員どもにネジを入れ直さねばならぬと決意した。
　片渕は部室に居乍らにして、幸運にもネジ欠落の影響を受けなかったのだ。
　しかしネジを回すには人手が足りぬ。
　そこに偶然通りかかった君。片渕と目が合う。
「君！　僕と一緒に、世界を……クイズの未来を、救ってくれないか」
　本書を手に取る程クイズが好きな君は勿論この申し出を快諾！　ありがとうございます！
「ありがとう！　じゃあまず、君が本当にTQCの会員と戦える実力を持つか、試させてもらうよ」
　セリフを言い終わるや否や、片渕は自らの周囲にクイズを展開。
《クイズ、スタンバイ！》
　クイズ勝負は心の勝負。《思い》の強さが力になるのだ。

クイズプレイヤーの 片渕が 勝負を仕掛けてきた！

クイズフリーク

【四天王】 片渕陽平

君の力を貸してほしい……ダメかな?

TQC四天王の一角にしてTQC唯一の良心。頭からはネジが外れたが、帽子が本体であるため影響がなかった。ネジの弾け飛んだ会員どもを目の当たりにし、彼らを正気に戻すことを決意、その手伝いを君に依頼した。良識的な人格にマッチした丁寧でためになるクイズが得意。

- 知識【8】
- 早押し【8】
- 正確性【8】
- 発想【8】
- 雑学【10】
- スイーツ【10】

四天王・片渕陽平

Q1 1月1日の朝を「元旦」といいますが、「旦」という漢字の下にある「一」は何を表現している?

Q2 1957年、日本橋三越デパートの屋上にわずか1ヶ月間オープンしていた、人気のテーマパークといえば何?

Q3 お腹がいっぱいになるまで食べることを、冬に美味しい魚の名前を使って何という?

Q4 「ピンクの小粒」の便秘薬は「コーラック」ですが、「ピンクの着物」を着ている、テレビ番組『笑点』のメンバーは誰?

Q5 毎年10月、長野県飯田市と静岡県浜松市の間で、「県境」を賭けた試合が行われる競技は何?

ANSWER

1 地平線【水平線】

「旦」は「地平線（一）から昇る太陽（日）」を表し、「朝」や「夜明け」を意味する漢字。元旦は「1月1日の朝」、元日は「1月1日」のことであり、国民の祝日とされるのは元日のほうである。ちなみに「正月」は「三が日」や「松の内」だけでなく、本来は1月31日までの期間を指していた。

2 ディズニーランド

1957年4月末から約1ヶ月間、日本橋三越の屋上で「こどもの夢の国 楽しいディズニーランド」の名前で営業していた。ウォルト・ディズニー社の許可を得て、期間限定ながら開業した日本初のディズニーランドであり、1983年に誕生した千葉県浦安市の「東京ディズニーランド」は2代目にあたる。

3 鱈腹

元々「たらふく」は「足らふく」と書き、「十分になる」という意味であったが、お腹が大きなタラのイメージから「鱈腹」の字が当てられるようになった。タラは「大口魚」とも書き、イカやカレイなどの獲物を丸呑みするほど食いしん坊な魚で、1年間に体重が2倍近く増えるケースもある。

4 三遊亭好楽

「コーラック」はアメリカの製薬会社が開発した便秘薬で、日本では大正製薬が1997年から権利を得て販売している。三遊亭好楽はテレビ番組『笑点』の大喜利コーナーでおなじみ。出演当初の1979年はピンクの着物ではなく、水色の着物を着用していた。長男も、落語家の三遊亭王楽として活躍中。

5 綱引き

「峠の国盗り綱引き合戦」は毎年10月、信州軍（飯田市）と遠州軍（浜松市）の商工会青年部が対決するイベント。争いで賭ける「県境」は行政上の境界線ではなく仮想のものだが、1987年以降、町おこしや地域交流を目的に続けられている。2014年は遠州軍が勝利。通算では信州軍が2m勝ち越している。

Q6 1960年代、設立当初の「ジャニーズ」は、芸能プロダクションではなく、どんなスポーツの団体だった？

Q7 元々は喘息（ぜんそく）の薬として考案された、白い寒天をシロップに浮かべた中国発祥のデザートは何？

Q8 明治時代、国語の教科書に『おしん物語』というタイトルで掲載された、世界的に有名な童話は何？

Q9 京都府舞鶴（まいづる）市と広島県呉（くれ）市が発祥地を主張している、「おふくろの味」としておなじみの料理は何？

Q10 「ばびぶべぼ」の濁音（だくおん）と「ぱぴぷぺぽ」の半濁音（はんだくおん）。その両方が名前に使われている、九州地方の都市はどこ？

6 少年野球

創設者のジャニー喜多川が、代々木公園に集まる少年と発足した野球チーム「ジャニーズ」が発端。そのチームにいた、飯野おさむ、あおい輝彦、中谷良、真家ひろみの4人が、映画『ウエスト・サイド物語』に感銘を受け、1962年にアイドルグループ「ジャニーズ」としてデビューした。

7 杏仁豆腐

元々「杏仁」とは、果物のアンズ（杏）の種子（仁）のこと。そのうち「苦味種」と呼ばれる杏仁は、古くから咳や喘息の漢方薬として知られていた。本来、杏仁豆腐は苦味のある杏仁を服用しやすいように考案されたものだが、現在ではよく似た香りがするアーモンドエッセンスで代用されている。

8 『シンデレラ』

『おしん物語』は作家・坪内逍遙による「シンデレラ」の翻案小説で、明治時代の教科書『国語読本高等科女子用』に収められた作品。日本人が親しみやすいように、「舞踏会」は「園遊会」、「ガラスの靴」は「扇」に変更されている。邦題は「お辛」の意味で、NHKのドラマ『おしん』との関わりはない。

9 肉じゃが

肉じゃがの原型は、明治時代に海軍司令官の東郷平八郎が、留学先で食べたビーフシチューを再現させたもの。ワインやバターの代わりに醤油、砂糖で味付けをし、海軍の脚気対策として全国的に普及した。舞鶴市と呉市はどちらも東郷の赴任地で、1997年以来、そのレシピをめぐって論争を続けている。

10 別府市

別府市は日本で唯一、名前に濁音と半濁音の両方が揃っている都市。日本一の源泉数（約2300ヶ所）を誇る大分県の温泉地で、ぐつぐつと煮え立つ「地獄めぐり」などの観光スポットでもおなじみ。ちなみに半濁音が使われている都市は他にも、北海道の札幌市と山梨県の南アルプス市がある。

Q11
風邪の予防に欠かせない「うがい」の語源と言われる伝統行事は何？

Q12
国宝の壁画を照らすために、1940年に日本で初めて「蛍光灯」が使われた、奈良県にある世界遺産はどこ？

Q13
世界の国旗のうち、1960年までに27回と最も多くデザインが変更されたのは、どこの国旗？

Q14
1931年に開港した羽田空港・第1便の乗客は、秋の風情(ふぜい)を感じさせるどんな生き物だった？

Q15
江戸時代、輸入品のガラス製品が割れないように、クッション材として日本に持ち込まれたマメ科の植物は何？

ANSWER

11 鵜飼い

岐阜県の長良川などで行われる「鵜飼い」は、水鳥の鵜にアユなどを獲らせる伝統的な漁法。川魚を吐き出す鵜の様子と、口に含んだ水を吐き出す動作が似ていることから、「うがい」という言葉が生まれた。理解せずに意見を受け入れる「鵜呑み」も、同じように鵜がアユを丸呑みする姿が語源と言われる。

12 法隆寺

1940年、法隆寺金堂の壁画を模写する際、暗い室内を照らすために蛍光灯が使用された。従来の白熱電球は熱が強く、壁画に悪影響を及ぼすことから、潜水艦の船内用に開発されていた蛍光灯が転用されることになった。法隆寺は奈良県斑鳩町にある聖徳宗の総本山で、1993年に世界文化遺産に登録。

13 アメリカ合衆国

1776年の独立当時、アメリカは13州しかなく、星条旗の星の数も同じ13個であった。しかし州の数が増えるたびに星の数が追加され、1960年にハワイが50番目の州になるまで、27回もデザインが変更されている。なお紅白の縞の数は、当初の13のまま変更されていない。

14 スズムシとマツムシ

東京飛行場（現・羽田空港）の第1便は、1931年8月25日の中国・大連行きの便。当時の航空運賃は船と比べて割高で、ほとんど予約が入らなかった。その際、大連のカフェから「中国に住む日本人に秋の風情を届けてほしい」との依頼があり、スズムシとマツムシが代わりの乗客に選ばれた。

15 クローバー【シロツメクサ】

江戸時代、ギヤマンなどの壊れ物を輸入する際、箱に詰める梱包材として日本に持ち込まれた。冬時に牧草として使われたクローバーの余りが転用されたもので、「箱に詰める白い花の草」の意味から「白詰草」という和名が付けられた。ヨーロッパが原産と言われ、「オランダゲンゲ」の別名もある。

Q16 アメリカの子どもたちが"Yes, I know a number"という語呂合わせを使って暗記する数字は何？

Q17 1894年に作られた国産初の扇風機には、風を送る以外の役割を果たすどんな部品が付いていた？

Q18 日本生まれの文房具。カッターナイフは板チョコをヒントに発明されましたが、サインペンはどんな食べ物から発明された？

Q19 宅配ピザで有名な「PIZZA-LA」の「LA」は、何というキャラクターを略した言葉？

Q20 明治時代、ひらがな1文字で「い」と書く力士がいましたが、この四股名は何と読んでいた？

ANSWER

16 円周率

英単語のアルファベットの数を数えると、"Yes"は3文字、"I"は1文字、"know"は4文字…と続き、円周率の近似値「3.1416」になる。なお"Yes"と"I"の間の「,」は、小数点の「.」と対応している。ちなみに日本数学検定協会は、3月14日を「数学の日」に定めている。

17 電球

国産初の扇風機は、1894年に芝浦製作所（現・東芝）が開発したもの。当時は電化製品が珍しい時代で、電気の使用は電灯にしか認可されていなかった。そこで、扇風機の頭部に白熱電球を取りつけ、「電灯」として販売されたが、性能や価格では輸入品に敵わず、一般庶民には普及しなかった。

18 フランスパン

サインペンは1960年代に「ぺんてる」が発明。フランスパンを参考に、内側ではインクが浸透し、外側には漏れにくい構造が考案された。カッターナイフは1931年に「オルファ」が発明したもので、「刃先を折る」という使い方は、ガラスの破片と板チョコがヒントになって生まれた。

19 ゴジラ【Godzilla】

PIZZA-LAは1987年、実業家の浅野秀則が映画『E.T.』に登場するピザの宅配事業に注目し創業した。「業界内で大きく成長したい」との願いから、怪獣のゴジラを店名に取り入れ、その甲斐もあってか日本国内の店舗数、売り上げ共に第1位を誇っている（2014年現在）。

20 かながしら

「い」は「いろはにほへと…」の先頭の文字ということから、「かながしら（仮名頭）」と読まれ、明治時代には大関の「い助次郎」が活躍していた。同じように漢字1文字の四股名の「子」は、「子、丑、寅…」で始まる十二支の最初の文字ということから、「えとがしら（干支頭）」と読まれた。

四天王・片渕陽平

Q21 おめでたい「七福神」のうち、その名前に「七福神」の「福」の字が使われている唯一の神様はどなた？

Q22 夜空には「かに座55e」という惑星がありますが、この星の約3分の1を構成している貴重な物質は何？

Q23 映画やテレビドラマで、山村貞子、山口久美子、山田奈緒子といったキャラクターを演じた女優は誰？

Q24 ノーベル賞の受賞者で、佐藤栄作首相が受賞したのは平和賞ですが、チャーチル首相が受賞したのは何賞？

Q25 花札の2月の札は「梅にうぐいす」ですが、県の花を「梅」、県の鳥を「うぐいす」に指定している県はどこ？

ANSWER

21 福禄寿

福禄寿は道教の神様で、幸福・俸禄・長寿を授ける。しばしば「南極星」の化身とも言われ、七福神の「寿老人」と同一の神様とされる場合もある。七福神のうち、中国の神様は布袋・寿老人・福禄寿、インドの神様は大黒天・弁財天・毘沙門天。残る恵比寿は日本生まれで、商売繁盛の神様。

22 ダイヤモンド

かに座55eは、地球から40光年近く離れた場所にあるかに座の惑星の一つ。2012年、アメリカ・イェール大学のニック・マドゥスダンらが発表した論文によると、その体積の約3分の1（地球3つ分に相当）がダイヤモンドから出来ている。ただし惑星の表面温度は摂氏2150度に及び、人間が近づくことは難しい。

23 仲間由紀恵

山村貞子は映画『リング0バースデイ』、山口久美子はドラマ『ごくせん』、山田奈緒子は『TRICK』の登場人物。仲間由紀恵は沖縄出身の女優で、1994年に地元のドラマ『青い夏』でデビュー。NHK紅白歌合戦の司会を4度務めている（2014年末現在）。2014年に俳優の田中哲司と結婚。

24 ノーベル文学賞

イギリスのチャーチル元首相はノンフィクション作家としても活躍し、著書『第二次大戦回顧録』で1953年のノーベル文学賞を受賞した。日本の佐藤栄作元首相は「非核三原則」（核兵器を持たず、作らず、持ち込ませず）の提唱が評価され、1974年のノーベル平和賞を受賞している。

25 福岡県

県の花の「梅」は、1954年にNHK植物友の会が「大宰府の飛梅」にちなんで定めたもの。大宰府の飛梅の伝説とは、菅原道真のもとへ京都から梅が飛んできたという故事で、大宰府天満宮が梅の名所となった由縁でもある。県の鳥の「うぐいす」は梅との取り合わせから、1964年に公募で選ばれた。

「どうやら君の実力は本物のようですね」
　片渕の顔には満足を示す笑みが浮かんでいる。
「ではこれから、実際にTQC会員と戦ってもらいます」
　自分で戦えばいいのではないか？　という真っ当な疑問を胸の奥底に仕舞い、君は決意を新たにする。
「君の目標は、TQCの会員を倒し、ネジの締め直しによりクイズ、そして世界を救うことです！」
　新たなる冒険が、今始まる！

「出題者より」

シリーズ4作目となる本書では、各会員が「面白い」と考えるクイズを……ということで、私の場合は「誰かに出したくなる」25問を目標にしました。難易度の高い問題がズラリと並んでいますが、出来る限り平易な文章、身近な題材を心掛けましたので、問題を解くだけでなく、解説も含めて楽しんで頂ければ幸いです。読者の皆様が「面白い！誰かに言いたい！」と思える問題が1問でもありましたら、これに勝る喜びはありません。

「これから戦う会員たちは、全員情け容赦ない問題をぶつけてくるでしょう、気をつけて」
　真剣な顔で片渕が言う。
「彼らは自分の趣味嗜好から問題を作ります。自らが本当に誇りを持てる、渾身の問題ばかりでしょう」
　苦々しそうに言葉を続ける。
「同じサークルの一員だから分かります。彼らの問題は、本当に難しい。でも、どうか諦めないで」

S T O R Y

「TQC四天王の話をしなければなりませんね」
　藪から棒に片渕が言う。君は空気を読んで、TQC四天王とは何かを問うた。
「TQC四天王とは、東大クイズ研の中でも実力の飛び抜けた四人のクイズプレイヤーのことです」
　それはそうだろうよと思いながらも、君は黙って話を聞く。
「その内訳を話しましょう。いずれも強敵です——まず、貴公子・廣瀬。そして、悪鬼・伊沢。さらに、巨人・武富」
　仰々しい物言いが悪寒を誘う。君はいずれ、この全てを倒さねばならない。片渕はセリフを続けた。
「最後に、正義の味方・片渕です」
　この片渕の顔を、ドヤ顔と定義しよう。
「……僕です」
　だんまりが怖くなった片渕が口を開く。涙目だ。表情の忙しい奴め。

「では、最初の会員のもとに案内します」
　日の落ちた頃、片渕は呟いた。
　いよいよ実戦。狂人どもに正義の螺子を下さなければ、この夜は明けない。
　誰かの声が聞こえる。
「今晩は、片渕さん。ああ、負けたのですか……仕方ありません。貴方は四天王の中でも最弱……」
　黒い闇の中から、そいつは現れた。

第1章
《魔都東京》

奇技(ワザ)の伏魔殿(デパート)

河村拓哉

- 知識【4】
- 早押し【4】
- 正確性【3】
- 発想【9】
- 怪【3】
- 奇【9】

こんな夜だから……乾杯

不思議なクイズを操る幻影使い、夜になると活発になる。解答者としては「何を答えるか分からない」こと、出題者としては「何を出すか分からない」ことから恐れられる、TQC「謎」属性の代表格。本気を出すと世界が滅ぶのでパワーをセーブしており、今作ではスライム扱い。

第1章・河村拓哉

Q1 レイモンド・チャンドラーの小説『長いお別れ』にも登場する、ジンとライムジュースをシェイクしたカクテルは何？

Q2 「傷の無いものは無い」と言われるほど傷付きやすく、そのため四角い特殊なカットが施されることが多い、緑色に輝く宝石は何？

Q3 一般的に、立方体のダイスに書かれた数字の合計は21ですが、正四面体のダイスに書かれた数字の合計はいくつ？

Q4 ゴカイの仲間であるホネクイハナムシが棲息するのは、どんな動物の骨？

Q5 道が無いにも関わらず進まねばならない場所のことを示す、まるで道が存在するかのような表現といえば何？

ANSWER

1 ギムレット

辛口で引き締まった味が特徴の、度数30度程度のショートカクテル。『長いお別れ』作中で、テリー・レノックスが主役の私立探偵フィリップ・マーロウに語った名台詞「ギムレットには早すぎる」で一躍有名となった。なお同じ材料をシェイクでなくステアにすればジンライムというカクテルとなる。

2 エメラルド

「エメラルドと人間に傷のないものはない」と言われる。適切な表面処理を行った場合でも傷は内部に存在し、これを目立たなくする品質向上のためにオイルを染みこませることが一般に行われている。エメラルド特有の四角いカットはエメラルドカットと呼ばれ、衝撃からエメラルドを守る働きがある。

3 30

正四面体には上面が存在せず、下面を出目として読む必要がある。そのため下面以外の3面に下面が示す数字が正立するよう書かれており、同じ数字が3個書かれることになる。1から4の数字が3回ずつ現れるため、その合計は30。四角柱や切頂四面体を利用して読み辛さを回避したダイスも市販されている。

4 クジラ

海中のクジラ遺骸を中心とした生物群を鯨骨生物群集と呼ぶ。これは熱水噴出域などと並び、エネルギー源を太陽に依存しない特異な生態系であり、棲息する生物はクジラ由来の脂質や硫化物を利用している。ホネクイハナムシは鯨骨中に根を張り、海中に赤い鰓を漂わせる生物であり、この群集の一員である。

5 道無き道

「道無き道を行く」などと使われる。このように矛盾する語句を組み合わせる表現法を撞着語法、またはオクシモロンといい、他にも「陸の孤島」「嬉しい悲鳴」「生きた化石」「欠点が無いのが欠点」などの例がある。ちなみに「オクシモロン」自体も「聡明で愚かな」という語源を持つオクシモロンである。

第1章・河村拓哉

Q6 雷が多発するため「雷都」の異名を持つ、栃木県の県庁所在地はどこ?

Q7 "Ceci n'est pas une pipe."(これはパイプではない)なる文章の上にパイプを描いた、ロサンゼルス・カウンティ美術館所蔵のルネ・マグリットの絵画は何?

Q8 「バイオルミネセンス」「モノカルチャー」「テレビジョン」といえば、いずれも何語と何語を組み合わせて作られた言葉?

Q9 戦後日本に復帰した沖縄が、交通をアメリカ式の右側通行から日本式の左側通行に改めた出来事を、1978年にこれが行われた日付から何という?

Q10 谷川流(たにがわながる)の小説『涼宮ハルヒの憂鬱』でも冒頭で語られる、自分がいつ親の優しさ、そして好々爺(こうこうや)の不在について知ったかという内容の、冬特有の話題といえば何?

6 宇都宮市

夏季には県北の山岳地帯に南風が吹き付け、強い上昇気流が起こるため雷が起こりやすい。雷多発地帯である北関東の中でも特に落雷が多く、1920年には年53日もの雷を観測している。一方日本海沿岸ではシベリア気団の影響で冬季にも雷が多く、金沢市では2005年に日本記録である年72日の雷を観測している。

7 『イメージの裏切り』

自己言及による矛盾を描いた知的な企みである。マグリットはシュルレアリスムを代表するベルギーの画家で、物体同士の奇妙な出会いを演出するデペイズマンや、ありえない世界を写実的に描くトロンプルイユの技法を多用した。フーコーの論文『これはパイプではない』は彼を論じたものである。

8 ギリシア語とラテン語

それぞれギリシア語とラテン語で"bios"(生物)と"lumen"(光)、"mono"(単一の)と"cultura"(文化)、"tele"(離れた)と"visio"(見ること)の組み合わせである。このように異なる言語の要素が結合した言葉を混種語といい、英語・フランス語による「ヘアサロン」などの例がある。

9 730【ナナサンマル】

7月30日に変更されたことにちなむ。交差点の改良や広報活動など幅広い作業が必要となり、県だけで37億円の予算を投じる大事業となった。幸いにもこの変更に伴う交通事故による死者は出なかったという。石垣市にはこれを記念した730交差点が存在し、日本の国道ネットワークの最西端となっている。

10 「サンタクロースをいつまで信じていたか」

マイナビの調査によればその平均年齢は8.01歳。サンタクロースの正体は大抵親であるが、親とクリスマスを過ごせない子どものための運動が存在する。その活動家として、グリーンランド国際サンタクロース協会からアジアで唯一公認サンタクロースに認定されているパラダイス山元が有名。

第1章・河村拓哉

Q11 大きく「総左（そうひだり）」と「足左（あしひだり）」の2種類に分けられる文房具といえば、どんな特徴を持つ何？

Q12 フランス語で「足」という意味がある、生地の周辺からはみ出して膨らんだマカロンの縁のことを何という？

Q13 四捨五入は数字の丸め方を定めた日本工業規格の「JIS Z 8401」により「規則B」と定められていますが、この規格で定められた「規則A」とは四捨五入より優れたどんな方法？

Q14 ミッドウェー環礁付近の北太平洋上に存在する、プラスチックゴミなどが特に濃集した海域のことを何という？

Q15 投身自殺のたとえにも用いられる、何も身につけず高所から自由落下するという内容の、バンジージャンプの派生アクティビティは何？

11 左手用のハサミ

総左は右手用のハサミを鏡に映した構造であり、力のかかり方も右手用の真逆。左手用のハサミに慣れた人に適する。足左は柄左とも呼ばれ、持ち手の部分だけが左手用、刃の部分は右手用である。力の働き方が右手用と同じであるため、右手用のハサミを左手で使うことに慣れた人が同じ力の使い方で扱える。

12 ピエ

表面が硬くなり逃げられなくなった空気が、焼かれている最中に生地の下部から膨らむことでできる。上手に作るには生地を混ぜる作業である「マカロナージュ」を適切に行うなどの条件が必要。一般にマカロンと呼ばれるのはマカロン・パリジャンであり、ピエや表面の滑らかさであるリスを重要視する。

13 最近接偶数への丸め

五捨五入や偶捨奇入とも。例えば整数に丸める場合、四捨五入と異なり、端数が0.5のときその数字を最も近い偶数に置き換える。0.5,1.5,2.5,3.5をそれぞれ四捨五入すると1,2,3,4となり全体として上方への偏りが生じるが、最近接偶数への丸めでは0,2,2,4となり偏らない。他の端数では四捨五入に同じ。

14 太平洋ゴミベルト

プランクトンの6倍ものプラスチックゴミが存在するとされ、生態系への悪影響が懸念されている。1999年にアメリカ人海洋研究家のチャールズ・ムーアにより記載された。太平洋上の還流にゴミが閉じ込められ集まることにより形成され、東日本大震災によるガレキもこの海域に至ると考えられている。

15 紐なしバンジー

1997年にドイツのモンティック社により作られた。飛び降りた後は下部に設けた特別製のネットに身を委ねる。このネットを英語で"Suspended Catch Air Device"といい、これは紐なしバンジーの英名"SCAD diving"の語源となった。高さ50mからのダイブによる速度は時速100kmを超えるという。

Q16 ピッツァ・マリナーラとピッツァ・マルゲリータの2種類のみが認められる、イタリア南部の都市の名を冠した伝統的なピザは何？

Q17 繁殖期を終えたカモ類のオスの羽色が地味になることを、「日食」や「月食」を意味する英語から何という？

Q18 「色とりどりの花が咲き乱れること」を表す四字熟語と、「あれこれ考えること」を表す四字熟語に共通する読みは何？

Q19 戦闘機のパイロットが陥ることがある、下向きの強い重力により脳に血液が回らなくなることで起こる失神を何という？

Q20 言及される際には年齢に等しいことが多い、読んで字の如く異性との交際がない期間のことを指す言葉は何？

ANSWER

16 ナポリピッツァ【ピッツァ・ナポレターナ】

他にもコルニチョーネと呼ばれる「額縁」が存在すること、リブレットと呼ばれる本のような形に折りたためることなどの厳しい条件がある。マリナーラはトマトが用いられた最初のピザとされ、色はほぼ赤一色。一方のマルゲリータはトマトの赤、モッツァレラの白、バジルの緑がイタリア国旗を思わせる。

17 エクリプス

繁殖期の美しい羽色から換羽し、メスと見分けがつかない地味な羽色になる。この際、他の鳥と異なり翼の羽毛も一斉に生え変わるため、一時的に飛行能力を失う。繁殖期のオスの華麗な羽は種によって異なり、交雑を防止する役割を持つが、島嶼部など交雑が起きにくい場所では雌雄間の差異が小さくなる。

18 せんしばんこう【千紫万紅・千思万考】

非常に多いことを表す「千万」に、「思考」と「紫紅」をそれぞれ接続した後、配列を入れ替えてできた言葉。共通する読みを持つ四字熟語の組は非常に稀で、「たしゅたよう」【多種多様・多趣多様】、「どくりつじそん」【独立自存・独立自尊】程度の例しか認められず、二字が異なるものは異例である。

19 G-ロック【G-LOC】

LOCは"loss of consciousness"の略。前兆として、同様の理由で視界がモノクロになるグレイアウト、視野を失うブラックアウトがある。また逆の現象に、上向きの力により頭に血が集中し視界が赤くなるレッドアウトが知られる。なおホワイトアウトは雪原で視界が真っ白になる現象で、重力とは関係ない。

20 彼女（彼氏）いない歴

特に「彼女いない歴＝年齢」のことを、"Kanojo Inai Reki Iko-ru Nenrei"の頭文字を取ってKIRINと呼ぶ。関連して、異性人気に隔たりが生じる「恋愛格差」や、恋愛が資本主義社会において商品化したという「恋愛資本主義」の概念が提唱されており、少子化問題と絡めて論じられることがある。

第1章・河村拓哉

Q21 左官の榎本新吉（えのもとしんきち）が左官の技術を後世に伝えるべく開発した、「丸い壁」とも称されるものといえば、どんな何？

Q22 東京メトロの路線で、ラインカラーをゴールドとするのは有楽町線ですが、シルバーとするのは何線？

Q23 南極の扱いは南極条約により定められていますが、北極に対するそのような包括的条約はありません。なぜ？

Q24 「原始の太陽は現在より暗かったはずであり、太古の地球は計算上凍りついていたはずだが、実際にはその時代に海が存在した」という、地球科学上のパラドックスは何？

Q25 ショートケーキの日が毎月22日である論拠でもある、「好物をどのタイミングで食べるか」という問題に際してよく万人の好物と仮定される食べ物といえば何？

ANSWER

21 光る泥団子

土壁と同じ工法で作られる美しい泥団子である。左官究極の技と呼ばれる「大津磨き」の技法を、従来の消石灰に替えて生石灰クリームを使うことで現代化し、大理石様の光沢を実現した。この光沢は粘土粒子が磨きにより揃うことで生じる。榎本新吉は東京千石の左官で、「どろだんごの神様」と称される。

22 日比谷線

有楽町線は和光市から新木場まで、東京を北西から南東に横切る路線で、「Y」をゴールドの円で囲んだシンボルマークで表される。日比谷線は中目黒から北千住まで南西から北東へ向かう路線で、「H」をシルバーの円で囲んだシンボルマークを持つ。ちなみに有楽町駅と日比谷駅は地下通路で連絡している。

23 北極は海であり、現行の海洋法が適用されるから

北極は海上に浮かんだ氷塊であるため、国連海洋法条約などの適用範囲内となる。2008年には北極海沿岸国により「北極海の統治のための新しい包括的国際法は必要ない」という内容のイルリサット宣言が採択されている。また法秩序の維持のために多数の国や先住民団体からなる北極評議会も置かれている。

24 暗い太陽のパラドックス

アメリカの宇宙科学者カール・セーガンが提唱した。36億年前の地層から水が存在した証拠である円磨された礫が発見されている一方、標準太陽モデルでは20億年前以前の地球では水は凍りつくとされる。温室効果ガスである二酸化炭素の量が多かったなどの説が唱えられたが未だに未解決である。

25 ケーキのイチゴ

好物をいつ食べるかで性格を診断しようとする試みがよく見られる。ショートケーキの日が22日に設定されているのは、カレンダーにおいて22日の上に「15日(イチゴ)」が乗っているからである。ちなみに、ケーキに使われるイチゴは甘い本体とのバランスを取るため酸味の強いものが使われる。

「僕が頭を固定するので、ネジを入れてください」
　正座させた河村の頭部を押さえつけながら、片渕は君にネジ回しを渡した。ネジを回すには２人のクイズ屋が必要。
　そして片渕は、ポケットから取り出した１本のネジ——理性の要である——を河村の脳天に突き刺した。
「幻だけでなく……現実を見ねば……」
　ネジが進む度に、河村の瞳が知性を取り戻す。
　世界を救う第一歩を、君は成し遂げたのだった。

「出題者より」

クイズを趣味にしないと「そういうクイズが存在すること」すら知り得ない≒珍しいクイズを混ぜ込むことを目指しました、が、エロ／グロは僕自身も苦手なので作れませんでした、＆超難問は他の人が沢山考えました。残されたのは不思議な問題を作ることでした。明日のクイズ番組でもクイズ大会でも出題されないけれど、聞いた一瞬楽しめればいい、刹那的：花火のような問題です。こんなのもあるのなー、と思ってもらえたら重畳です。

「おーーーーーい」
　その声の主は、ドップラー効果を実感させるほど、猛スピードでこちらに走ってきた。そして君の傍らに辿り着くや否やストレッチを開始。
「あれ河村くん負けたの？　修行足りないんじゃない」
　河村の顔に現れる、明らかな恐れの表情。
「いやだ……現実も運動もいやだ、つらい……」
「ほら！　スポーツしなきゃ！　河村、野球しようぜ！」

ジャージ部魂

近藤大介

クイズもいいけどスポーツもね

活動がインドアなTQCに於いてなおスポーツを愛好するスポーツマン。スポーツはもちろん芸能などきらびやかな話題にも強く、東大生としての知性と併せて死角がない。その知識体系から展開される問題は総じて難易度が高いが、正々堂々と戦えばいい結果が望めるだろう。

- 知識【6】
- 早押し【5】
- 正確性【4】
- 発想【5】
- 赤【10+】
- 白【8】

第1章・近藤大介

Q1 伝統的な茶師の技「合組」、「にごり」を生み出す独自の製法、「茶葉認定式」で認められた茶葉のみを使用する、という3つのこだわりを生かし上林春松本店の協力を得て開発された、2007年に日本コカ・コーラが発売した緑茶飲料は何?

Q2 1890年代にアメリカのトッド・スローン騎手が考案した、鐙を短くして膝を前に出し、尻を鞍から離して前傾姿勢で追う競馬の騎乗フォームを、ある動物が木にまたがったように見えることから何という?

Q3 1990年から2013年の23年に渡ってNHK教育テレビ・Eテレで放送されていた番組『つくってあそぼ』でワクワクさん役として出演していたタレントは誰?

Q4 採用の自由や憲法が保障する法の下の平等、思想および良心の自由などの関係が問題となった、1963年に試用期間中の原告が学生運動に参加した事実を偽っていたために本採用を拒否された事件を、被告となった企業の名を取って何という?

Q5 かつてスプラッター・ホラーブームの火付け役となった、1981年に制作されたサム・ライミ監督の長編映画デビュー作は何?

ANSWER

1 綾鷹(あやたか)

「貴重で上質な茶葉を織り込んだ」という意味合いの「綾」という文字と「貴重な茶葉」という意味合いの「鷹」という文字の組み合わせが名称の由来であり、江戸後期に第十一代上林春松が一般市民向けに販売した緑茶「綾鷹」にも由来する。綾鷹は他にも「急須でいれたような味わい」を重要視している。

2 モンキー乗り

鞍は人や荷物を乗せるために馬の背に置く、鐙は騎手がバランスを保つために足をかけるための馬具。日本ではかつて鐙を長くして尻を鞍につけ、上体を起こす「天神乗り」が主流であったが、1958年に保田隆芳(やすだたかよし)騎手がアメリカからモンキー乗りを導入したことがきっかけで日本でも一般化した。

3 久保田雅人(くぼたまさと)

『つくってあそぼ』は20年間続いた『できるかな』の後番組としてスタートし、2013年には新たな子供向け工作番組『ノージーのひらめき工房』がスタートした。なお久保田自身は近眼であるが、ワクワクさんとして着用している丸メガネにはカメラがレンズに映る可能性などを考慮しレンズが入っていない。

4 三菱樹脂事件

憲法の人権規定は私人相互の関係を直接規律するものではなく、個人の基本的な自由や平等に対する具体的な侵害の発生に対し立法措置や諸規定によって保護する方針を示した。また、法律その他による特別の制限がない限り思想、信条を理由とする雇入れの拒否は直ちに民法上の不法行為にあたらないとした。

5 『死霊のはらわた』

「スプラッター・ホラー」とは血みどろでショッキングな場面を見所とするホラーを指す。本編では休暇で森の別荘に訪れた男女5人が死霊による恐怖に見舞われる様子が描かれている。2013年にはフェデ・アルバレス監督によるリメイク版が制作され、ライミ自身もプロデュースを担当した。

第1章・近藤大介

Q6 日本プロ野球では1983年8月20日と1984年5月29日にロッテの仁科時成が、2002年8月26日と2005年5月13日に西武の西口文也がそれぞれ2回経験していることとは、「あと何人で何を逃した」？

Q7 『月刊GoodsPress』『月刊アニメージュ』『週刊アサヒ芸能』などの雑誌を刊行している出版社は何？

Q8 アフロヘアにラメ入りスーツ、厚底ブーツといった出で立ちが特徴的な、モーニング娘。の『LOVEマシーン』や『恋愛レボリューション21』などの編曲を行ったことで知られるミラーボール星出身のミュージシャンは誰？

Q9 1891年に三尺玉の花火を4発打ち上げた記録が残ることから三尺玉発祥の地とされる地域で開催される、毎年9月9日と9月10日に世界最大とされる四尺玉の花火を打ち上げることが恒例の新潟県小千谷市の祭りは何？

Q10 2001年に行われたK-1 WORLD GPでジェロム・レ・バンナやフランシスコ・フィリオといった強豪を破って優勝を果たした、「サモアの怪人」の異名を取るニュージーランド出身の格闘家は誰？

6 あと1人でノーヒットノーランを逃した

仁科は83年の近鉄戦で仲根政裕に、84年の近鉄戦では平野光泰に安打を許し、西口は02年のロッテ戦で小坂誠に安打を、05年の巨人戦で清水隆行に本塁打を許し大記録を逃した。なお西口は05年8月27日の楽天戦で9回を完全に抑えたが、延長10回に沖原佳典に安打を許し完全試合を逃している。

7 徳間書店

1954年に東西芸能出版社として創立し、1946年から発行されていた『週刊アサヒ芸能新聞』の継承刊行を行った。54年から社長を務めた徳間康快は出版業界にとどまらず徳間グループを築き上げて幅広く事業展開を行い、『風の谷のナウシカ』のアニメ映画化やスタジオジブリの設立を決断したともされる。

8 ダンス☆マン【DANCE☆MAN】

もともとは藤沢秀樹名義でバンドJADOESの一員として活動していた。歌手としては1970〜80年代のダンス・クラシックスに語感を失わないオリジナルの日本語歌詞をつけた曲で注目を集め、編曲・作曲においても郷ひろみの『なかったコトにして』や、はっぱ隊の『YATTA!』など多くのヒット曲を手掛けた。

9 片貝まつり

花火大会には「浅原神社秋季例大祭奉納大煙火」という別名もある。この花火は浅原神社への奉納を意味しており、他にも浅原神社へ花火の玉を奉納する「玉送り」や花火打ち上げの成功と無事を祈る「筒引き」などが行われる。なお打ち上げられる四尺玉は約420kgもあり、地上800mほどまで届く。

10 マーク・ハント

『ドラゴンボール』が好きであり、その染め上げた金髪から「スーパーサモア人」とも呼ばれる。2000年のK-1オセアニア地区予選でK-1デビューし優勝したのを皮切りに、強力なパンチや打たれ強さを武器に活躍した。その後はPRIDEやUFCに参戦するなど総合格闘技に転向し、40歳を過ぎても現役を続けている。

Q11
夫にバイオリニストの守綱(もりつな)を、長女にタレントの徹子を持つ、アニメ化された『チョッちゃん物語』やNHKの連続テレビ小説『チョッちゃん』の原作となった『チョッちゃんが行くわよ』などの自伝を著したエッセイストは誰?

Q12
サビの一部分が「あんこ入り☆パスタライス」に聞こえるという空耳でも話題になった、アニメ『バンブーブレード』のエンディングテーマ曲は何?

Q13
フランスの裁判制度において、司法系統における最上級審の裁判所のことを何という?

Q14
アメリカでの経験をもとに戦時下での軍部批判の姿勢を貫いた、死後に戦時中の日本の政治社会状況を記した日記が『暗黒日記』として出版され戦後広く読まれている外交評論家は誰?

Q15
ポルトガル語で「採鉱者」という意味がある、特にブラジルで金やダイヤモンドの採掘を行う人のことを何という?

ANSWER

11 黒柳朝（ちょう）

幼少期に周辺に多く咲いていたコスモスに思いを寄せており、1987年に出身地の北海道滝川市で行われた里帰り講演ではコスモスの花いっぱい運動を提言し、翌年にコスモスが滝川市の花に制定されるに至った。また、ドラマ『チョッちゃん』の最終回には行商のおばさん役で黒柳徹子が出演している。

12 『STAR RISE』

2007年にオープニングテーマ曲の『BAMBOO BEAT』とカップリングで発売され、アニメのメインキャストを務める広橋涼（ひろはしりょう）、豊口めぐみ（とよぐち）、小島幸子（こじまさちこ）、桑島法子（くわしまほうこ）、佐藤利奈（さとうりな）の声優5人が歌唱を担当した。実際にあんこ入りパスタライスを作り、その過程をニコニコ動画にアップする人物も登場している。

13 破毀院（はきいん）

破棄院とも表記する。フランスには司法裁判所と行政裁判所の2系統が存在し、破毀院は原審で認定された事実に対して法令が正しく適用されているかどうかを判断する役割を担う。一方で行政裁判における最高位の機関をコンセイユ・デタといい、政府の行政や立法に関する諮問（しもん）機関としての役割も担う。

14 清沢洌（きよさわきよし）

朝鮮や満州における脆弱な権益に固執することでアメリカとの関係を損なうことが国益に反すると考え、内田康哉の「焦土外交（こうど）」や松岡洋右（ようすけ）の国際連盟脱退宣言を厳しく批判した。言論統制下では『外政家としての大久保利通（としみち）』を著して大久保利通を賞賛し、大久保を義理の祖父にもつ吉田茂の感銘を受けた。

15 ガリンペイロ

鉱物資源に恵まれたブラジルでは採掘権を持っていない集団が鉱産地帯に多数集まり、これらを採掘、販売する事例が多く発生しているため、「違法採鉱者」のことを指す場合もある。また、土砂から砂金を抽出する過程で水銀を用いた結果、水質汚濁や土壌汚染などの環境被害も問題となっている。

第1章・近藤大介

Q16
『スパイダーマン』『ミッション：インポッシブル』『セブン』など多数の映画のタイトル・シークエンスを手掛けた、アメリカのモーショングラフィックアーティストは誰？

Q17
1996年に行われた夏の甲子園の決勝戦で、10回裏1アウト満塁のピンチから熊本工業のサヨナラ犠飛を阻止する「奇跡のバックホーム」を行った松山商業の右翼手は誰？

Q18
1982年に就役したニミッツ級航空母艦の3番艦にも名を残している、1914年から1965年までの長期間にわたってアメリカ下院議員を務め、特にアメリカ海軍における国防力の増強に大きな影響を及ぼした人物は誰？

Q19
1991年10月から1992年の7月の278日間にわたって、女性としてはオーストラリアのケイ・コティーに次ぐ2人目の単独無寄港世界一周航海に成功した日本人冒険家は誰？

Q20
最後の1人が勝ち残るまで戦うエリミネーションマッチが伝統的に多く行われる、『レッスルマニア』『サマースラム』『ロイヤルランブル』と共にアメリカのプロレス団体WWEにおける四大PPV大会と称される興行は何？

ANSWER

16 カイル・クーパー

タイトル・シークエンスとは、映像作品においてオープニングやエンディングなどのタイトルの題字やスタッフクレジットが入っている部分のことを指す。クーパーは1996年にグラフィックデザイン企業Imaginary Forcesの設立者の1人となり、2003年には新たにProgram Filmsを起業した。

17 矢野勝嗣(まさつぐ)

3-3の同点で迎えた10回裏、ピンチとなった松山商業の監督、澤田勝彦(さわだかつひこ)はライトの守備を矢野に交代した。次の熊本工業の打者、本多大介は犠飛には十分な距離のライトフライを打ったが、矢野の好送球で本塁タッチアウトとなりピンチを凌いだ。その後11回に3点を取った松山商業が6-3で勝利し、優勝を飾った。

18 カール・ヴィンソン

1980年に航空母艦「カール・ヴィンソン」が進水した当時、彼は存命であり、アメリカ海軍の主な軍艦に存命の人物の名がついた初の例となった。この軍艦ではオサマ・ビンラディンの水葬も行われている。またエルスワース山脈にそびえる南極大陸最高峰のヴィンソン・マッシーフは、彼にちなみ命名された。

19 今給黎教子(いまきいれきょうこ)

ロビン・リー・グレアムが著した『ダブ号の冒険』を読んでヨットに関心を持ち、1988年の6月から12月の142日間で日本人女性初の単独太平洋往復横断にも成功している。1991年から行った世界一周航海はヨット「海連」(かいれん)に乗り東回りで成功したが、東回りでの成功は日本人としては男女通じて初の事であった。

20 『サバイバー・シリーズ』

PPV（ペイ・パー・ビュー）とは、視聴したい番組を番組単位で購入するシステムを指す。WWEは『ロウ』や『スマックダウン』といった番組を中心にストーリーが展開され、年間12回行われるPPV大会によって決着をみる。その中でも『レッスルマニア』は年間最大の祭典として重要視されている。

Q21 UEFA EURO 2008では選手入場の際に、UEFA EURO 2012ではゴール時に流されるなどサッカーファンにも人気が高い、2003年にThe White Stripesが発表した楽曲は何?

Q22 1966年にイギリスから独立して以降、ボツワナ共和国の政権を維持し続けている政党は何?

Q23 黒川耀雄が創業した高山木材工業所を前身とする、平和エーザイという名称であった1965年に日本国内で初めて綿棒の製造を開始した企業は何?

Q24 1937年の市制施行に伴い旭川市に代わって日本最北の市となった、旧樺太にかつて存在した市は何?

Q25 14年間と最も長くレアル・マドリードのトップチームの監督として在籍し、リーガ・エスパニョーラ5連覇を含む通算14のタイトルをクラブにもたらしたスペインのサッカー選手・指導者は誰?

ANSWER

21 *Seven Nation Army*

2003年に発売された4枚目のアルバム*Elephant*に収録。シングル曲としても発売されており、翌年グラミー賞のベストロックソング賞を受賞している。サッカーファンへの人気の拡がりはクラブ・ブルッヘのファンがミラノのバーで試合観戦中に歌ったことが起源とされ、現在も広く歌われている。

22 ボツワナ民主党【BDP】

ボツワナ民主党は1965年に行われた第1回国政選挙で大勝してから第一党の座を維持し続けているが安定した政治運営を行っており、ボツワナはアフリカの中で最も民主的な国の一つとされる。ダイヤモンド産業で急速な経済発展を遂げたが、近年ではダイヤモンド依存型経済からの脱却の動きも見られる。

23 平和メディク

綿棒はアメリカの発明家レオ・ゲルステンザングが、妻が爪楊枝に脱脂綿を巻きつけ使っているのを見て発明したとされる。黒川は綿を解いてから棒に絡ませるという新しい綿棒の製造方法を考案し、現在の主流となった。また、平和メディクは取れた白い汚れが目立つ黒い綿棒の開発も初めて行っている。

24 豊原市（とよはら）

現在のロシア領ユジノサハリンスク市にあたる。日本統治時代には樺太庁が置かれ、碁盤の目に区画された街には終戦時に4万人近くの人口を抱えていた。コンクリート造りの建物に瓦屋根を組み合わせた「帝冠様式」と呼ばれる樺太庁博物館が、現在はサハリン州郷土博物館として当時の数少ない面影を残す。

25 ミゲル・ムニョス

1948年に選手としてレアル・マドリードに加入し、1956年に初開催された欧州チャンピオンズカップ（現在のUEFAチャンピオンズリーグ）では決勝でスタッド・ランスを下しキャプテンとしてトロフィーを掲げた。1959年の引退後もクラブと関わり、翌年には監督としても欧州チャンピオンズカップを制覇した。

「流石に脳は筋トレしてなかったですね、盲点」
　側頭葉にネジが刺さった近藤が呟く。近藤が格闘技に訴えれば君に寸分の勝ち目も無いのだが、そこは彼も男、甘んじて挿入を受け入れている。
「正々堂々の勝負がスポーツの楽しみ。そのためにスポーツマンシップは必須だからね」
　戦いの後には喜びのみが満ちている。
　それはクイズもスポーツも同じであるのだった。

「出題者より」

基本的に「スポーツ」と呼ばれるジャンルを多めに出題しましたが、一口にスポーツといっても様々な競技が存在します。今回は個人的な嗜好もあって扱うスポーツの数を少なくしてしまったため、好きなスポーツの問題ではなかったと思われる方も多いと思います。この本では他の方もスポーツ問を出題するかと思いますので、そちらの方もお楽しみください。余談ですが、私自身に最近スポーツする機会がないので頭が痛いところです。

「筋トレし直さなきゃ。がんばるぞ」
「それならばー、この《クスリ》をどうぞー」
　突如現れた白衣の男。近藤は差し出された《クスリ》を飲んでしまった！　みるみる近藤の力こぶは肥大し、胸筋は発達し、腹筋は分裂を繰り返した！
「おー、《科学のチカラ》はスゴイですねー」
　怪人を造り出した謎の男は、フラスコから煙を立ち上らせながらこちらに歩を進めている……！

科学は宝石箱

ワンダー・イン・ザ・ラボラトリー

谷垣翔太

- 知識【5】
- 早押し【8】
- 正確性【8】
- 発想【6】
- 文系力【2】
- 理系力【10+】

君をサイエンスの糧にしてあげよう

正義のマッドサイエンティスト、専門は植物学。理科で培った論理力と、流れを引き寄せる力に優れたクイズプレーヤー。ネジが外れた結果、作る問題が全て大得意な科学の問題になった。教員免許を取得するなど教育にも興味を持ち、次世代の科学者の育成に心血を注いでいる。

第1章・谷垣翔太

Q1
オリンピックの「金メダル」は優勝、「銀メダル」は準優勝。元素の周期表でも、「銀」は「金」の真下にある。
○か？ ×か？

Q2
緑色の野菜「キュウリ」は、もちろん緑黄色野菜である。
○か？ ×か？

Q3
天体観測に欠かせない道具といえば望遠鏡。夜空に輝く88星座の中には、「ぼうえんきょう座」もある。
○か？ ×か？

Q4
ノーベル賞の科学分野3賞（物理学賞、化学賞、生理学・医学賞）を1人ですべて獲得した人がいる。
○か？ ×か？

Q5
気象庁の定義によれば、もし夏真っ盛りの8月に雪が降っても、その年の初雪には絶対にならない。
○か？ ×か？

ANSWER

1 ×

オリンピックのメダルに使われる金属「金（Au）」と「銀（Ag）」、それに「銅（Cu）」は、周期表ではすべて同じ縦列（族）に位置している。しかしその順序はオリンピックの順位とは逆に上から銅、銀、金である。この3つが同じ族にあるということは、その化学的な性質がよく似ていることを示している。

2 ×

「緑黄色野菜」かどうかは野菜の色で決まるのではない。厚生労働省により緑黄色野菜は原則として「可食部100gあたり600μg以上のカロテンを含む野菜」と定義されており、キュウリのカロテン含有量は可食部100gあたり331μgなので、キュウリは緑色をしていても緑黄色野菜ではない。

3 ○

ぼうえんきょう座はいて座の南隣に存在する星座である。日本では低緯度地域からしか見られない。ぼうえんきょう座はフランスの天文学者ラカーユによって18世紀半ばに設定されたが、ラカーユは他にも科学の道具にちなんだ星座を作っており、例えばけんびきょう座、じょうぎ座、コンパス座などがある。

4 ×

今のところ、キュリー夫人が1903年に物理学賞を、1911年に化学賞を受賞し、複数の科学分野でノーベル賞を受賞した唯一の人物となっている。科学以外の分野を含めれば、アメリカの科学者ポーリングが1954年に化学賞を、1962年に平和賞を受賞している。複数の分野に渡る受賞者はこの2人だけである。

5 ○

気象庁の定義では、初雪は「ある年の10月から翌年3月までの間に降る最初の雪またはみぞれ」とされており、もし8月に雪が降ってもその期間の外になるので初雪にはならない。なお、夏真っ盛りとまではいかないが、北海道の網走と根室では1941年の6月8日に降雪があったという記録がある。

第1章・谷垣翔太

Q6 ミツバチの中でも、卵を産んで子孫を増やす重要な役目を担うのが「女王バチ」。天敵に食べられるなどして女王バチが巣からいなくなったら、その巣では普通のメスの働きバチが卵を産むようになる。○か？ ×か？

Q7 お菓子作りで使われる砂糖玉「アラザン」。その銀色の表面は電気を通す。
○か？ ×か？

Q8 宝石の「トルコ石」は、トルコでは採れない。
○か？ ×か？

Q9 糸電話の糸の代わりにバネを取り付けると、バネが音をゆっくり伝えるせいで、声にエコーがかかって聞こえる。
○か？ ×か？

Q10 もしアメリカ生まれの「ハリケーン」が勢力を保ったまま日本に来たら、呼ばれ方も「ハリケーン」から「台風」に変わる。
○か？ ×か？

ANSWER

6 ◯

そもそも働きバチはすべてメスだが、女王バチが分泌するフェロモンにより生殖機能が抑えられているため普段は産卵しない。しかし女王バチがいなくなるとその抑制が外れるので産卵するようになる。ちなみに、働きバチがオスと交尾していない関係で、働きバチが産んだ卵から生まれる子は必ずオスになる。

7 ◯

アラザンは、デンプンなどで固めた砂糖玉を銀箔で覆って作られる。表面の光沢は銀箔によるものであり、銀箔は金属の銀そのものなので電気を通す。似たような例として銀色の折り紙が挙げられ、その表面の光沢はアルミニウムのコーティングによるもので、もちろん電気を通す。

8 ◯

トルコ石はトルコでは採れない。もともとイランやエジプトで産出されたものがトルコの隊商によってヨーロッパへ持ち込まれたため「トルコ石」の名がついたとされる。現在ではアメリカ南西部で主に産出される一方、白い石に青色の染色を施すなどした模造品も多く出回っている。

9 ◯

もともと糸電話では紙コップの底で一部の音が跳ね返ることにより厳密にはエコーがかかっているのだが、その間隔がほんの0.01秒程度なので人間の耳では差を認識できない。一方糸の代わりにバネを使うと音の伝達がゆっくりになり、その間隔が0.5秒程度になるので、エコーとして認識できるようになる。

10 ◯

西経域で発生したハリケーンが経度180度の子午線を超えて東経域に進んだ場合、その時点で呼び名は「ハリケーン」から「台風」に変わる。実際、2006年8月に西経域で発生したハリケーン「イオケ」はその後東経域に進んで台風12号となり、日本の最東端である南鳥島に大きな被害をもたらした。

Q11 こすると静電気が発生しやすいことから、電気を意味する英単語"electricity"の語源となった宝石は何？

Q12 2014年の消費税増税に伴い販売が開始された2円切手にデザインされている、世界で北海道だけに生息するウサギの一種は何？

Q13 その肉や卵を我々人間が食用にしているニワトリとウズラは、共に何科の鳥？

Q14 現在は京大名誉教授の四手井綱英による定義が一般に用いられている、薪炭や堆肥の産地となるなど人の生活に密接に関わり、かつ人の手が入ることによってその生態系が維持されているような森林や山のことを指す漢字2文字の言葉は何？

Q15 都市型洪水の予測などに活用される、過去の降水域の動きをもとに1時間先までの降水の分布の変化を5分ごとの細かい間隔で予測・発表する気象庁による予報は何？

ANSWER

11 琥珀(こはく)

琥珀は針葉樹の樹脂(じゅし)が化石化してできた黄色から橙色の透き通った宝石で、日本では岩手県久慈(くじ)市が産地として知られる。琥珀が帯電しやすいことは古代ギリシアですでに知られており、ギリシア語で琥珀を意味する"elektron"(エレクトロン)が変化して電気を意味する英単語"electricity"になったとされる。

12 エゾユキウサギ

エゾユキウサギはヨーロッパからアジアにかけて生息するユキウサギの亜種(あしゅ)。茶色の夏毛と白色の冬毛が年間で生え替わるが、そのうち冬毛をまとった姿が2円切手にデザインされ、見た目の愛らしさが話題となった。なお、2002年で発行が終了されたかつての2円切手には秋田犬がデザインされていた。

13 キジ科

キジ科の多くの種のメスは多数の卵を産む上、巣の卵が外的要因により取り除かれたとき新たに産卵してそれを埋め合わせる特性を持ち、これが養鶏(ようけい)・養鶉(ようじゅん)に利用されている。ニワトリの祖先が家畜化されたのは約5000年も前のことであり、現在では世界のニワトリ飼育数は200億羽以上にまで増加している。

14 里山

里山はこれまで生物多様性の確保に大きな役割を果たしてきたが、薪炭や堆肥から化石燃料や化学肥料への移行が起こるとともに人の手が入らなくなって荒廃し、生物多様性が低下する里山が見られるようになってきた。現在ではレジャーや環境教育の地となるなど、新たな里山の価値が見出されつつある。

15 降水ナウキャスト

近年大都市での短時間強雨とそれによる洪水が多く発生しており、その被害の軽減を目的として2004年より運用が開始された。現在では雷や竜巻に関するナウキャストも運用されている。「ナウキャスト」は「今」を意味する"now"(ナウ)と「予報」を意味する"forecast"(フォーキャスト)を組み合わせた造語。

第1章・谷垣翔太

Q16 学習指導要領改訂により2012年度から導入された、自然や科学技術が我々の暮らしとどう関わっているかを中心に学ぶ高校理科の科目は何？

Q17 メキシコにあるその越冬地は世界遺産に登録されている、数世代をかけて北中米間の片道3000kmもの「渡り」を行うことで知られるタテハチョウ科の蝶は何？

Q18 その周辺海域とともに2014年3月に日本で31番目の国立公園に指定された、渡嘉敷村と座間味村に属する沖縄県の諸島はどこ？

Q19 ロンドンへの人口集中とそれに伴う失業者の増加を解決するためにイギリスの都市計画家エベネザー・ハワードによって提案された、都市と農村の両方の利点を併せ持つような職住近接型の郊外都市形態のことを漢字4文字で何という？

Q20 アメリカの月探査計画といえば「アポロ計画」。では、中国神話に登場する月の女神の名がつけられた、現在進行中の中国による月探査計画の名称は何？

16 科学と人間生活

「科学と人間生活」は、自然と人間生活の関わり、また科学技術が人間生活に果たしてきた役割について学び、科学に対する興味や関心を高めることを目標とする新科目で、その内容は物理・化学・生物・地学の広範囲に及ぶ。試験での点数争いが科目の目標にそぐわないため、センター試験では出題されない。

17 オオカバマダラ

オオカバマダラは翼長10cm前後の橙色の蝶である。メキシコの一部では秋に戻ってくるオオカバマダラが先祖の魂の生まれ変わりに見立てられ、信仰の対象になっている。しかし近年は幼虫の食草であるトウワタの減少や北米での天候不順により、オオカバマダラの個体数は激減しているとされる。

18 慶良間諸島

慶良間諸島は自然豊かな地域であり、多種多様なサンゴが生息する点、またザトウクジラの繁殖地である点などの貴重性から国立公園に指定された。那覇から島々がよく見えることから、那覇で使われることわざに「灯台もと暗し」と同じ意味の「慶良間は見えてもまつげは見えぬ」というものがあるという。

19 田園都市

英語では"garden city"という。ハワードの構想に従い初の田園都市として整備されたロンドン郊外の都市レッチワースは、現在に至るまで農地・住宅地・工場地の共存を保っている。有名私鉄線「東急田園都市線」の名は、ハワードの構想を参考に開発された「多摩田園都市」と都心とを結ぶことに由来する。

20 嫦娥計画

嫦娥計画は周回・着陸・帰還の3段階からなる。2007年・2010年打ち上げの嫦娥1号・2号で月周回による調査をしたのち、2013年打ち上げの嫦娥3号ではアメリカ・ソ連に続く世界で3ヶ国目の月面軟着陸を成功させた。さらに2017年には月から岩石などのサンプルを地球へ持ち帰ることが計画されている。

Q21 カタクリやフクジュソウ、ニリンソウなどのように、早春に花を咲かせたのちすぐに地上部を枯らし、1年のほとんどを地下部のみで過ごす多年草のことを、「春の儚いもの」という意味の英語で何という？

Q22 航空機が着陸する際に起こることがある、複数の揺れが合成された振動が発生することによって航空機がバウンドするように動き操縦できなくなる現象のことを、「ネズミイルカ」を意味する英語を使って何という？

Q23 その21文字という長さから「日本一長い植物名」とされる、海に生える草本植物「アマモ」の別名は何？

Q24 1992年に木星へ近づいた際に木星から受ける力で破壊された上、1994年に再度接近した際には木星の表面に墜落した、略称を「SL9」という彗星は何？

Q25 原発事故後の福島では一部でこの効果による土壌からの放射性セシウム除去を期待してヒマワリが植えられた、植物に有害物質を吸収させることによって環境を浄化する技術のことを英語で何という？

ANSWER

21 スプリングエフェメラル

日本語では学術的には単に「春植物」というが、一般的には「春の妖精」という意訳も好んで用いられる。1年のうち、雪解けから落葉樹が葉をつけるまでの早春の短い期間だけ林床にまで日光が届く。この期間を効率よく光合成に利用し、それ以外は地中で休む、というのが春植物の1年の過ごし方である。

22 ポーポイズ現象

「ポーポイジング」とも。その動きがネズミイルカの跳ねる様子に似ていることに由来する。ポーポイズ現象によって機体の制御を失うと大事故につながる場合があり、2009年にはこれにより成田空港でアメリカの貨物機が着陸に失敗し爆発・炎上、乗員2名全員が死亡する事故が起きている。

23 リュウグウノオトヒメノモトユイノキリハズシ

漢字で書くと「竜宮の乙姫の元結の切り外し」。「元結」は髪を結ぶ紐のことで、全体としては「竜宮に住む乙姫の髪を結ぶ紐が切れたもの」というような意味になる。アマモの葉は5mm程度の幅に対して長さ最大1mと大変細長く、海岸に打ち寄せられた紐のような葉を元結に見立てたものと考えられている。

24 シューメーカー=レヴィ第9彗星

SL9はアメリカのシューメーカー夫妻とレヴィの3人によって発見された彗星で、発見時点ですでに20個ほどの破片に分割されていた。SL9の木星衝突は人類至上初めて観測された地球の大気圏外での天体衝突であり、アメリカの木星探査機ガリレオが衝突の瞬間の発光の撮影に成功している。

25 ファイトレメディエーション

しかし実際には研究によって、ヒマワリは放射性セシウム吸収能力をほとんど持たないということが示されている。放射性元素の他にも重金属やヒ素、リンなどのファイトレメディエーションがさかんに研究されており、特にカドミウムやリンに関しては我々にも身近なイネを用いた研究が行われている。

「《クスリ》は飲めば飲むほど効きますがー、頼ってばかりではいけませんねー」
　ネジは科学者に倫理を取り戻させた！　科学者には論理だけでなく倫理も求められるのだ！
「しかしー、被害はー、小さく保たれた方ですねー」
「それ以上はダメです！」
　見かねた片渕、谷垣の口を塞ぐ！　たにがきくんの いしき　ふっとばされた！　STOP最高！

「出題者より」

　自分の色を出していいということだったので、思い切って全問科学ジャンルからの出題としてみました。今回は農学も「科学」の一部扱いにして問題を作ったのですが、Q14「里山」やQ19「田園都市」など、一見ド文系に思える内容も実は農学の範疇です（どちらも最終的には緑地環境の話につながります）。こんな「科学の入り口」のような部分を糸口に、いわゆる理科嫌いの方々にも科学ジャンルに興味を持っていただければ幸いです。

「うーむ、美しくないですねぇ」
　状況を見渡しながら、絵筆を置き、ある画家は言った。
　辺りに転がっているのは、現実を直視して泡を吹く男、スーパー筋肉ダルマ、そして窒息した白衣。そのせいで、画家の高い美意識は崩壊寸前であった。
「本当の美しさとは何だか、教えてあげましょう。一週間待ってください。本当の【美】をお見せしますよ」
　君はこの惨状から逃げる口実を得た。やったぜ。

晴描雨問

原 聡

- 知識 【8】
- 早押し 【7】
- 正確性 【9】
- 発想 【8】
- 画力 【5】
- 和 【8】

私の「作品」をご観賞くだされ

クイズ問題を「作品」と称し愛する、自由気儘な芸術家。一問一問の完成度ばかりでなく、全体のバランスをも追求する。その独特な感性から生み出される蠱惑的な問題群にはファンが多い。TQC以外にも美術系サークルに所属し、制作活動をしたりしなかったりしている。

Q1 カップ焼きそばやご飯に風味を加えるために用いられる、乾燥させた食材などを細かくして、数種類混ぜあわせた食品を何という?

Q2 音楽や動画を再生するソフトウェアにおいて、スライダーの移動によって現在の再生箇所を表示する棒状の操作領域のことを何という?

Q3 投射線による「線」と色彩や輪郭による「空気」の2種類に大別される、ある視点から見た物や風景の距離感を、目で見えた通りに平面上に表現する絵画技法を何という?

Q4 日本語の「飲む」という動詞を特に目的語を取らずに用いるのは、どんなものを飲む場合?

Q5 日本語では「巻き上げ機」という、円筒形の巻き胴にロープやワイヤーを巻き取ることで、重量のある物を持ち上げたり引き寄せたりする機械のことを英語で何という?

ANSWER

1 ふりかけ

焼きそばのものは紅しょうがや青海苔から作られ、普通カップ焼きそばに付属するものだが、2012年には東洋水産と丸美屋が「焼きそば用ふりかけ」を発売した。ご飯のものは海苔やゴマなどから作られ、全国ふりかけ協会によるとこの元祖は、大正初期に熊本県の薬剤師・吉丸末吉が考案したものだという。

2 シークバー

スライダーを動かすことによって好きな箇所から再生させることができる、という利点がある。Youtubeやニコニコ動画などの動画投稿サイトにおいて画面下部に設けられているもののように、横長で左から右へとスライダーが移動するものが一般的だが、中には縦長のものや環状の変わり種も存在する。

3 遠近法

線遠近法は視線が画面上の1点（消失点）に向けて集まるように描く技法で、ルネサンス期にイタリアのフィリッポ・ブルネレスキの実験によって発見・理論化されたとされる。空気遠近法は遠くの物ほど色味を薄く、輪郭をぼかして描くというもので、西洋に先んじて中国などの山水画に作例が見られる。

4 酒

英語の"drink"、ドイツ語の"trinken"、フランス語の"boire"、ロシア語の"пить"、中国語の「喝」も同様に、自動詞として用いる場合には「酒を飲む」という意味になる。「飲む」という日本語の語源には諸説あるが、一説には「舌を伸ばして開けた口を閉じる」という動作にちなむという。

5 ウィンチ

土木・建築作業などのクレーンや、ゴルフ練習場のネット張りなど様々な現場で用いられている。手巻きのものから、内燃機関や電動機を用いて動かすものまで規模も様々で、巻き胴の数によって単胴、複胴、多胴などの種類に分類される。特に巻き胴が縦形のものは「キャプスタン」と呼ばれることもある。

第1章・原 聡

Q6 茶道において、茶道具の塵を払ったり、茶碗などの器物の下に敷いたりして用いる方形の絹布(けんぷ)を何という？

Q7 沖縄そばの具材やサムギョプサルに用いられる、脂身と赤身が三層に重なったような断面をしていることから名が付けられた豚肉の部位は何？

Q8 鎌倉・南北朝期に流行した、細い線の重ね書きによってスケッチ風に表現する写生的な肖像画を何という？

Q9 主にソ連末期からロシアへの移行期に政治権力と結びつくことで巨額の富を手にした、ロシアの新興財閥のことを何という？

Q10 灯籠(とうろう)において、灯した明かりの周りを覆い囲む部分のことを何という？

ANSWER

6 袱紗（ふくさ）

縦9寸（約27cm）、横9寸5分（約29cm）の大きさで作られるが、この基本形ができたのは千利休の時代で、彼の妻・宗恩（そうおん）のアイディアによるものとされる。元々は手触りが良く柔らかい布地のことを指した言葉で、贈り物の上に掛けたりご祝儀のお金を包んだりする絹布も同様に呼ばれる。

7 三枚肉

いわゆる「バラ肉」のことだが、特にこれらの料理に使われる場合は三枚肉と呼ぶことが多い。沖縄そばでは最もポピュラーな具の一つであり、特に甘辛く味付けして柔らかく煮込んだものが用いられる。サムギョプサルは三枚肉を焼く韓国の焼き肉料理で、名前にはそのまま「三層の肉」という意味がある。

8 似絵（にせえ）

藤原隆信（ふじわらのたかのぶ）が創始して息子の信実（のぶざね）が完成させ、7世代に渡り主にこの家系が継承・発展させた。『随身庭騎絵巻（ずいじんていきえまき）』や信実の『後鳥羽天皇像』が代表的な作品として知られる。中国の文人画と同様、墨のみの線画を主体とする白描（はくびょう）で描かれており、権力者たちが自らの人徳を表すために流行したと考えられている。

9 オリガルヒ

国営企業の民営化に乗じて急速な私有化と為政者との結託を進め、巨額の資産を獲得した。当初は政治に対して強い影響力を持ったが、プーチン政権からの圧力と2008年の世界的不況の際の政府支援を受け、現在では政府に従順なもののみが残っており、またプーチン個人と結びついたものも台頭している。

10 火袋（ひぶくろ）

「明かりを灯す」という機能を担うため、灯籠を灯籠たらしめている部分だと言えるが、時代が下り照明としての役割が薄れると次第に小型化してきた。鎌倉時代以降は上部に連子（れんじ）、下部に格狭間（こうざま）という装飾が施されるようになるなど、作られた時代を知る上でこの部分の装飾や文様は重要とされている。

Q11 スリーサイズは上から207、180、215。名古屋駅前のシンボルとして知られる、名鉄百貨店の巨大なマネキンの名前は何？

Q12 1889年にサン・レミの療養所で制作されたものである、大きな糸杉の立つ町とその上に広がる夜空をうねるような筆致で描いた、画家フィンセント・ファン・ゴッホの代表的な油彩画は何？

Q13 毎年レイバーデーにかけての1週間、ネバダ州の砂漠にブラックロック・シティという街を作って開催され、土曜日には街の中央に置かれた巨大な人型のオブジェを燃やすことで知られるアメリカのイベントは何？

Q14 初期キリスト教においてイエスの象徴として用いられた"ΙΧΘΥΣ(イクトゥス)"とは、ギリシア語でどんな生き物のこと？

Q15 奈良盆地の東縁を奈良市から初瀬(はせ)街道まで南北に結ぶ、日本最古の自然道の一つとされる古道はどこ？

ANSWER

11 ナナちゃん

名前は以前駅前にあったファッションビル「名鉄百貨店セブン館」をもじったもの。百貨店の広告や地元の服飾系の学生がデザインした衣装など、現在は月2回ほどのペースで衣装替えが行われている。2012年からは一般企業のPRにも開放され、『アイアンマン』などの映画ともコラボレーションしている。

12 『星月夜(ほしづきよ)』

現在はニューヨーク近代美術館に所蔵されている。療養所の寝室にあった東向きの窓から見えた夜空などの記憶を元に、ゴッホの想像によって描かれたものと考えられている。ゴッホは前年に精神病の発作を起こしてアルルでのゴーギャンとの共同生活をやめ、1889年には自らサン・レミの療養所に移っていた。

13 バーニングマン

1986年にラリー・ハーヴェイによって発案された。開催期間中参加者は"No Spectators"(傍観者になるな)をポリシーに協力し合って生活し、アート・パフォーマンスなどを行って盛り上がる。2009年のドキュメンタリー映画『ダストアンドイリュージョンズ』に成長と拡大の経緯が描かれている。

14 魚

「イエス・キリスト・神の・子・救い主」をギリシア語で綴り、それぞれの語の頭文字をつなげて読むとこうなることによる。ローマ帝国でキリスト教が迫害された時代には隠れて信仰を確かめるため、イエスを指す暗号として「いかりの十字架」と共に描かれ、カタコンベ(地下墓室)での礼拝に用いられた。

15 山辺(やまのべ)の道

『古事記』にも記述が見られるが、近世には所在地が見失われていた。現在では認知度が上がってハイキングコースとなっており、一帯は大和青垣国定公園に指定されている。沿道には崇神(すじん)天皇陵、景行(けいこう)天皇陵といった古墳や、和爾下(わにした)神社、石神(いそのかみ)神宮、大神(おおみわ)神社といった古社寺など多くの名所・旧跡が連なる。

Q16 現地のガイドが「ご覧なさい」という意味で叫んだ言葉を記録者が動物の名と勘違いして名が付いた、というエピソードで知られる、白黒のまだら模様を持つマダガスカル島固有の原始的なサルの仲間は何？

Q17 1980年代にハイデルベルク大学のギュンター・フォン・ハーゲンスによって開発・実用化された、生物標本に含まれる水分や脂肪分をプラスチックなどの合成樹脂に置き換えて固めるという標本作製技術は何？

Q18 1605年、国王・ジェイムズ1世の英国国教会擁護に失望したカトリック教徒が、国王を爆殺しようとした事件を何という？

Q19 1942年にイランのハマダーンで親をなくしていたところを拾われ、第二次世界大戦の間ポーランド第2軍団第22弾薬補給中隊に従軍したシリアヒグマの名前は何？

Q20 抽象表現主義の影響を受け、1958年から「ミニマル・アート」の先駆とされる作品群「ブラック・ペインティング」シリーズを制作したアメリカの画家は誰？

ANSWER

16 インドリ

本文のエピソードは1768年、フランス人博物学者のピエール・ソヌラが起こしたもので、現地では「父の子」という意味の「ババコトゥ」と呼ばれ神聖視されている。キツネザルに近縁の科に分類され、現生のものとしては最大である。近年では焼畑農業によって棲息地の森が減少し、絶滅が危惧されている。

17 プラスティネーション【プラストミック】

従来のホルマリン漬けなどの標本に比べ、手で直接触れる、保管がしやすいといった利点があり、起源は16世紀にダ・ヴィンチが牛の脳室と心臓に溶かした蝋を注入したことに遡るとされる。ハーゲンスはこれを人体に用いて「人体の不思議展」を開催したが、死体利用に対し倫理的問題が多く指摘されている。

18 火薬陰謀事件

直前に密告者が出て計画は未遂に終わり、実行責任者のガイ・フォークスら一味は処刑された。イギリスではフォークスが逮捕された11月5日は、現在も「ガイ・フォークスの日」として記念されている。また彼は反乱者の象徴とみなされ、ハッカー集団「アノニマス」らが付ける仮面のモデルとなっている。

19 ヴォイテク

戦地では弾薬の運搬にも協力し、中隊の紋章にも描かれた。当初は部隊のマスコットとして可愛がられていたが、部隊がイタリアに配置される際に単なるペットとしては連れて行けなかったため、兵士としての資格を与えられた。終戦後はスコットランドのエディンバラ動物園に預けられ、1963年に亡くなった。

20 フランク・フィリップ・ステラ

他にも、シェイプト・キャンバス(矩形以外の形をしたキャンバス)に幾何学的な彩色を施した作品や、金属板を重ね合わせたレリーフ状の作品で知られ、常に既成概念を覆すような絵画空間の創造を試みている。「ミニマル・アート」とはあらゆる装飾を取り除いた「最小限の芸術」を目指す芸術運動のこと。

第1章・原 聡

Q21 国王グスタフ2世アドルフの指揮の下に当時最強の軍艦として造られたものの、処女航海の際に港から出ようとしたところ、横風を受け横転沈没してしまったというエピソードで知られる17世紀スウェーデンの船舶は何？

Q22 その名には「妖精の恋人」という意味がある、若い男性にインスピレーションと名声をもたらす代わりに徐々に生気や血を吸い取ってしまうという、美しい女性の姿をしたアイルランドに伝わる妖精は何？

Q23 明治期に海外へと流出した精緻な工芸品を多く買い戻し、日本初となる幕末・明治工芸専門の美術館・清水三年坂美術館を開いたコレクターは誰？

Q24 それぞれの文字が刻印で押された形跡があることが特徴である、渦巻状に絵文字が記された紀元前17世紀頃の円盤状の粘土板を、これが発見されたギリシア・クレタ島の宮殿跡地から何という？

Q25 『だまし絵のだまし絵』など、ヴァニタスを主題としたトロンプルイユを多く残し、「だまし絵の帝王」と称される17世紀オランダの画家は誰？

ANSWER

21 ヴァーサ号

名前は当時のスウェーデン王朝に由来する。国王の要望に応じて背の高い構造の船体に通常よりも巨大な大砲を搭載したことがバランスを悪くし、横転につながったと考えられている。またライオンなどの彫刻で飾られた壮麗な外観をしており、芦ノ湖を運航する同名の海賊船のモデルともなっている。

22 リャナンシー

持ち前の雄弁さと音楽で霊感を与えるが、生気を吸われるため男性は早死にしてしまい、そうなると次の若者を探しに行く。この伝承からアイルランドの詩人が短命なのは、リャナンシーに恋し、命を削って作品を生み出したからだとされる。イギリスのマン島にも同名の妖精が伝わり、しばしば混同される。

23 村田理如(まさゆき)

電子部品メーカー・村田製作所の創業者の家系であり、同社の取締役を務めていた時期もあった。ニューヨークの骨董店で明治の工芸品を見つけ、その細密さに感動したことがきっかけで収集を始めたという。幕末・明治工芸はその精巧さから海外で評価が高く、そのほとんどは現在日本国内に残っていない。

24 ファイストスの円盤

1908年にイタリアの考古学者ルイージ・ペルニエによって発見された。直径約16cmの円盤に両面合わせて45種、241文字が記され、数文字ごとに縦線で区切られている。他に同様の資料が見つかっていないため、何が書かれているかは解読されておらず、これが本当に文字として使われたのかも不明である。

25 コルネリス・ノルベルトゥス・ヘイスブレヒツ

デンマーク王の宮廷画家であった記録があるが、生涯の多くは謎に包まれている。『だまし絵のだまし絵』は剥がれかかったキャンバス画を描いた作品で、他にもキャンバスを立てかけたイーゼルを描き、輪郭に沿って切り取った『画架』、キャンバスの裏側を描いた『裏のキャンバス』といった作品を残した。

「美しいクイズは、やはり解かれる様も美しいですねぇ。作った甲斐があったというものです」
　額からネジが生えているのでそういう美術品にも見えるが、れっきとしたクイズプレイヤーである。
「一週間はやっぱり短いですねぇ。一ヶ月にすればよかった。《あの問題》が間に合ったからいいものの」
　放浪の画家はどこまでも自由である。あらゆる縛りは彼に通用しないのだ。〆切以外。

「出題者より」

自分の問題は美術関連の事項を多めにしつつ、「世界が10度違う方向を向いていたら頻出だっただろうもの」を目指して作りました。これから多くの人達に知られていけばいいなあ、と思います。個人的には「普通の単語に意外な切り口で繋がる」という問題が好みなのですが、作るのは難しいですね。「ふりかけ」はこれを実践しようとした問題で、「カップ焼きそばにも"ふりかけ"があるんだ！」と気付いた感動が伝われば何よりです。

「《あの問題》……それは１問目《ふりかけ》のことだね？　唇にカップ焼きそばのふりかけが付いている。きっと貴方は《カップ焼きそばのふりかけ》に感動し、《ふりかけ》を１問目に据えたんだ」
　そこに居たのは、圧倒的推測力を見せつける、薔薇を携えた男。フェロモンがふわりと広がる。
「はじめまして。僕がＴＱＣ四天王の１人、《貴公子》さ……。クイズ界で、最も【美しい】男だよ」

推測の貴公子 プリンス

四天王 廣瀬哲

> 君の勝率を推測するに……1％ってところかな

TQC四天王の一角にしてTQC随一のイケメン。全国6000万の女子の支持を集める。優れた頭脳から生まれる高精度な未来予知能力を武器とし、特にコンマ1秒を争う早押しクイズで真価を発揮。あらゆる戦闘パターンは既に推測済みであり、彼にとっての戦いは予知の実践に過ぎない。

- 知識【7】
- 早押し【9】
- 正確性【7】
- 発想【9】
- 推測力【10＋】
- 運命力【10】

四天王・廣瀬 哲

Q1 F1ワールドチャンピオンに3度輝くも、1994年5月1日のF1サンマリノ・グランプリ決勝で事故死してしまった天才的ドライバーで、その端正な顔立ちから日本では「音速の貴公子」と呼ばれたのは誰？

Q2 「互いの住んでいる距離が離れているほど、交際関係にある男女が結婚に至る確率は低くなる」という法則を、これを発見したアメリカの心理学者の名前から「誰の法則」という？

Q3 元々は芸能人のパパラッチとして活動していたアメリカのカメラマンで、2011年にプロポーズのプランニング会社「パパラッチ・プロポーザル」を創業し、現在では依頼を受けて一般人のプロポーズをパパラッチしているのは誰？

Q4 本籍地としてとても人気が高い「東京都千代田区千代田1番1号」とは、どんな建物の住所？

Q5 結婚式で行う「新郎新婦にとって初めての共同作業」といえば多くの場合ケーキ入刀ですが、離婚式で行う「旧郎旧婦にとって最後の共同作業」とは何？

ANSWER

1 アイルトン・セナ

特にアラン・プロストとのライバル関係で知られ、1980〜90年代前半のF1界を席巻した。甥のブルーノ・セナもF1デビューを果たしたドライバーである。なお同グランプリの予選では、セナ事故死の2日前にルーベンス・バリチェロが負傷、前日にはローランド・ラッツェンバーガーが事故死している。

2 ボッサードの法則

アメリカ・フィラデルフィアに住む婚約中の男女5000組の調査から、「遠距離恋愛は上手くいかない」というこの法則が導かれた。ちなみに、同様に恋愛が上手くいかない例の説明として、「幼少期から同じ環境で育った者同士は、互いに性的関心を持ちにくい」というウェスターマーク効果がある。

3 ジェイムズ・エンブラー

当初は報道カメラマンを志すものの、やむなくパパラッチの道に進んだ。創業のきっかけは、自らのプロポーズの瞬間を写真に収めることができないと気づいたからだという。ちなみに、アンジェリーナ・ジョリーを1週間追い続けた末に自転車がパンクし、ジョリー本人に車に乗せてもらったことがある。

4 皇居

戸籍編成は本籍地に登録された市町村で行われるが、あくまで「戸籍の所在地」であるため実際の居住地や郷里に関係なくてもよい。皇居の他には、東京ディズニーランドの「千葉県浦安市舞浜1番1号」、東京タワーの「東京都港区芝公園4丁目2番地8号」や、沖ノ鳥島、北方領土の各島も人気である。

5 結婚指輪をハンマーで叩き割る

離婚式とは離婚を決めた夫婦が新たな生活を始めるための区切りの儀式で、日本では離婚式プランナーの寺井広樹が広めた。多くの場合、まず仲人ならぬ「裂人」と共に入場し、2人が出会ってから離婚に至るまでを紹介した後「最後の共同作業」に入る。なお、基本的に友人挨拶は離婚経験者が担当する。

四天王・廣瀬 哲

Q6 たとえば「年利3%でお金を貸したとき、元金が何年で倍になるか」といった問いの答えを簡単に求めることができる、「ある数字」を利子率で割るだけで複利計算ができるという法則を、計算に用いる「ある数字」から俗に何という？

Q7 無線通信などで使われる和文通話表において「ス」を表すときは、巣を作る鳥にたとえて「何のス」という？

Q8 春先に吹く南風を指す「春一番」という言葉の発祥地であり、島の南西部には「春一番の塔」という建造物も建てられている長崎県の島はどこ？

Q9 日光東照宮薬師堂や甲斐善光寺金堂のものが有名である、向かい合った平行な2つの面の間で拍手や拍子木などの音が反響して特有の残響が聞こえる現象を、その音がある生き物の鳴き声に聞こえることから何という？

Q10 静岡県浜松市のお菓子メーカー・春華堂のお菓子で、「夜のお菓子」はうなぎパイ、「昼のお菓子」はしらすパイですが、「朝のお菓子」といえば何？

ANSWER

6 72の法則

たとえば年利3%の場合は、72÷3=24となり24年で元金が倍になる。この法則は $(1+x)^{\frac{\ln 2}{x}}=2$ という式に基づいており、約数が多いという理由から $100 \times \ln 2 = 69\cdots$ に近い72という数字が用いられている。同様の理由から「70の法則」が採用されることもある。

7 すずめのス

通話表とは、通信文の聞き間違いを防ぐために制定された頭文字の規則のこと。ちなみに、ア行のイは「いろはのイ」だが、ワ行のヰは「井戸のヰ」。ア行のエは「英語のエ」、ワ行のヱは「鍵のあるヱ」。ア行のオは「大阪のオ」、ワ行のヲは「尾張のヲ」。唯一使われている外国の地名は「ローマのロ」。

8 壱岐島（いきのしま）

1859年の旧暦2月13日、漁に出ていた全ての漁船が強烈な南風で沈み、この大惨事をきっかけに春一番の話が広まった。なお、壱岐島の漁に関しては「レオタード漁」も有名。壱岐島東部の八幡地区では乱獲防止の目的でウェットスーツ着用が禁止されているため、代わりに海女さんがレオタードを着て素潜りを行っている。

9 鳴き龍

多くの場合、天井には龍の絵が描かれる。似た例に、細かい反射によって増幅され、小さい音でも建物内部の離れた位置で聞こえる「囁きの回廊」が挙げられ、セントポール大聖堂のものが有名。なお、音の明瞭さや自然な響きが求められる施設では、これらの現象が起こらないように注意して設計される。

10 浜名湖すっぽんの郷（さと）

「うなぎパイ 詰め合わせ」を買うと入手できる。ちなみに、元々「夜のお菓子」には「一家団欒をうなぎパイで過ごしてほしい」という願いが込められており、精力増強といった意味合いは誤り。しかし春華堂はこれを逆手に取り、マムシドリンクを手本とした赤・黄を基調とするパッケージで人気となった。

Q11
センターの座には北海道の函館山が輝いている、2013年11月に旅行口コミサイトのトリップアドバイザーが選出した、各都道府県を代表する計47ヶ所の人気観光スポットを、あるアイドルグループになぞらえて何という?

Q12
森鴎外がドイツへ渡る際にも乗っていたという、1887年に上海沖で沈没したフランスの定期船で、画家ジョルジュ・ビゴーがこの船の事故を題材に、前年に起きたイギリス船沈没事故「ノルマントン号事件」を風刺したことで有名なのは何?

Q13
1961年シーズンに61本の本塁打を放ち、名選手ベーブ・ルースが持っていた最多本塁打記録を34年ぶりに更新したアメリカの野球選手で、ルースを崇める者たちからの嫌がらせを受け、長きに渡り業績が参考記録扱いされていたのは誰?

Q14
蓄音機から聞こえる亡くなった飼い主の声を、残された飼い犬のニッパーが耳を傾けて聴いている様子を描いたフランシス・バラウドの絵画で、イギリスのレコード販売グループ「HMV」の名前の由来にもなっているのは何?

Q15
1754年に京都の西土手刑場で斬首刑に処された罪人で、京都所司代の許しを得て医学者・山脇東洋がその首なし死体を解剖し、日本初の人体解剖記録書『蔵志』に描いたのは誰?

ANSWER

11 TDFK47

函館山からの夜景は、神戸の摩耶山・長崎の稲佐山のものと共に「日本三大夜景」に数えられている。ちなみに、「日本三景」の天橋立（京都）・松島（宮城）・厳島（広島）、「新日本三景」の大沼（北海道）・三保の松原（静岡）・耶馬溪（大分）のうち、TDFK47に選出されたのは厳島のみであった。

12 メンザレ号

ノルマントン号沈没事故では船長・船員は脱出するも、日本人乗客の全員が死亡。船長には治外法権の存在で軽い処罰しか与えられず、日本の世論は不平等条約改正へと動いた。フランス人のビゴーは自国までもが条約改正に巻き込まれることを快く思わず、メンザレ号の事故を機にイギリスの対応を批判した。

13 ロジャー・マリス

かつてのルースと同じくヤンキースに在籍し、同僚のミッキー・マントルと本塁打記録を争っていた。マリスは最終日の161試合目に記録を達成したが、コミッショナーが「1927年の試合数と同じ154試合までの記録を公式とする」ことを表明し参考記録扱いとなった。公式記録と認められたのは1991年のこと。

14 *His Master's Voice*

そのまま「彼（ニッパー）の主人の声」という意味。ニッパーはフランシスの兄マーク・バラウドが飼っていたフォックス・テリアで、引き取った弟フランシスが絵画の題材にしたことで有名となった。HMVの他、RCAやJVCケンウッド・ビクターエンターテインメントといった企業もシンボルとして用いている。

15 屈嘉（くつよし）

解剖後は山脇東洋によって手厚く供養されたうえで、後に東洋も眠ることになる京都・誓願寺に墓が作られた。この供養は、医科大学で行われる解剖体慰霊祭の先駆けとされている。また、屈嘉には「長い間医学会が抱いていた夢を覚ましてくれた」という意味で「利剣夢覚信士」という戒名がつけられている。

四天王・廣瀬 哲

Q16 オリンピックの聖火リレーは1936年のベルリン大会から採用されましたが、このときに聖火リレーの第1走者を務め、近代オリンピックにおける聖火ランナー第1号となったギリシアのスポーツ選手は誰？

Q17 フルマラソンにおける2時間11分36秒という記録も保持しているアメリカのイラストレーターで、日本版『ハリー・ポッター』シリーズの挿絵を描いたのは誰？

Q18 日本甲状腺学会のロゴに肖像が描かれている日本の医学者で、慢性甲状腺炎の「橋本病」に名を残しているのは誰？

Q19 1851年に紀州藩の許可を受けて創業した和歌山県の酒造会社で、その日本酒「羅生門 龍寿」が2014年にモンドセレクション最高金賞を受賞したことにより、世界初の「26年連続最高金賞受賞」という記録を打ち立てたのはどこ？

Q20 大動脈の造影撮影検査を行ったことで下半身が麻痺してしまい、「合併症リスクの説明不足」を理由に患者が医師を訴えた1957年の事件で、その裁判の判決文で「インフォームド・コンセント」という考え方が初めて提示されたのは何？

ANSWER

16 コンスタンティン・コンディリス

聖火リレーは、ベルリン大会の事務局長であったカール・ディームの提案で始められた。このときの聖火リレーで最終ランナーを務め、聖火台への点火を担ったランナー、フリッツ・シルゲンも覚えておくとよい。なお、オリンピックで聖火自体が導入されたのは1928年のアムステルダム大会である。

17 ダン・シュレンジャー

イェール大学卒業後、奨学金を得てオックスフォード大学に留学し、さらにハーバード法科大学院で学んだ経歴を持つ。元々の職業は弁護士である。挿絵を手がけることになった理由は、日本語訳を手がけた静山社の松岡佑子と友人関係にあり、松岡から制作依頼を受けたためである。

18 橋本策（はかる）

橋本策は、慢性甲状腺炎を新たに病気として提唱・研究した功績で世界的に知られる。ちなみに、日本ホメオパシー医学協会のロゴには、ホメオパシーの提唱者ウィリアム・ハーネマンの肖像が描かれている。ホメオパシーとは、疾患の症状を起こす薬物を微量投与し、自然治癒により治療を行う方法である。

19 田端酒造株式会社

初受賞の際は最高得点を獲得し「特別金賞」に輝いた。モンドセレクションは1961年にブリュッセルに設立された消費生活製品の国際評価機関で、銅賞・銀賞・金賞・最高金賞の4つの賞を与えている。受賞の約8割が日本企業であり、日本製品の品質の高さが確認できる反面、国際的な知名度の低さも伺える。

20 サルゴ事件

患者マーティン・サルゴの名にちなむ。インフォームド・コンセントとは、病気や治療法の詳細・危険性などを医師が説明し、治療前に患者から同意を得なければならないという原則のこと。患者が主治医以外の医師に意見を求める「セカンド・オピニオン」と共に、患者を守るための権利として重要である。

四天王・廣瀬 哲

Q21 シェークスピアの戯曲『テンペスト』を下敷きに、国に蔓延する「ある病気」と迫りくる死の恐怖を描いたエドガー・アラン・ポーの短編小説で、エドガー・アラン・ポーの作品で唯一江戸川乱歩が翻訳を行ったのは何?

Q22 日本唯一の「包装食品工学科」を設置しており、食品産業への強みからほぼ100%の就職率を保っている兵庫県の私立短期大学で、2008年に共学化されるまで日本最後の男子大学だったのはどこ?

Q23 静岡県のお茶づくりを盛り上げるために、富士市の茶工房・山田製茶の2代目である山田典彦さんが自ら扮して活動している、着ぐるみを着ず生身の人間がそのまま扮しているという世にも珍しいゆるキャラは何?

Q24 CD『テツノポップ』やCDブック『駅メロ!THE BEST』も発表している、JR東日本や東京メトロなど、首都圏の電車の発車メロディーを多数作曲している日本の作曲家は誰?

Q25 女性ばかりの編み物業界に参画して活躍を続け、現在では日本を代表するまでになった男性ニットデザイナーで、長身で中性的な容姿から「ニット界の貴公子」と呼ばれているのは誰?

ANSWER

21 『赤き死の假面』【『赤死病の仮面』】

同作品を含め、改造社版『世界大衆文学全集』第30巻「ポー・ホフマン集」(1929)に江戸川乱歩が訳したという短編が多く収録されていたが、これらは全て渡辺温の代訳であったことが乱歩の自伝で明らかになっている。乱歩自身の翻訳は、雑誌『宝石』1949年11号に掲載された。

22 東洋食品工業短期大学

1938年に東洋製罐創業者の高碕達之助が創設。缶詰を作るには力が必要という理由で共学化が遅れた。私立だが、学費は国立大学並の水準である。なお、かつては短期大学・高等専門学校を卒業すると「準学士」という称号が授与されていたが、現在は短大卒業者に「短期大学士」の学位が授与されている。

23 茶ら男

スナック菓子のキャラクター「カールおじさん」をヒントに考案されたゆるキャラ。他にも見た目が衝撃的なゆるキャラとして、埼玉県加須市の特産品をPRする「こいのぼりん1世・2世」が挙げられる。彼らは着ぐるみこそ着ているが、「こいのぼりの口」の部分から人の顔が見えてしまっている。

24 塩塚博

「鉄のみゅーじしゃん」として注目を集める一方、「カルビーポテトチップス」「ロッテ・パイの実」などのCMや、多数の芸能人に楽曲を提供している。駅メロの作曲家としては櫻井隆仁や向谷実も有名。中でも向谷は、ゲーム『Train Simulator』や鉄道運転シミュレータの制作も手がけている。

25 広瀬光治

CDデビューも果たしており、デビュー曲2曲は塩塚博が作曲した。その他の「貴公子」に、第二次大戦のニューギニア戦闘で活躍し、後に「ラバウルの貴公子」と称された海軍戦闘機搭乗員の笹井醇一、世界ヘビー級王座に16度輝き「狂乱の貴公子」の異名を取ったプロレスラーのリック・フレアーがいる。

貴公子の薔薇は散らされた。花弁がひらひらと舞う。敗北という初めて味わう感覚。そして、公衆の面前で晒された恥辱。それは、まだあどけなさの残る少年自身の《蕾》を芽吹かせるには十分だった。再びの甘美な感覚を求め、廣瀬は懇願した。「どうか、もっと、もっとください」
　片渕は下卑た笑みを浮かべると、「それじゃまず、その服
（省略されました・・・
　全てを読むにはワッフルワッフルと唱えてください）

「出題者より」

　僕が問題を作る動機は、概ね「こんなもの見つけた！」「これ（人・物）の名前がわかった！」という驚きに基づいています。その「面白いと思ったこと」を様々な角度から捉え、「問題文」という形に作り直して伝えるのが「クイズ」です。物事を人に伝える方法にもいろいろありますが、この方法には「答えてもらえる」という良いところがあります。自分以外にも同じ興味を抱く人がいることがわかるのは、とても嬉しいですからね。

　正気を取り戻した廣瀬は、顔を赤らめながら、
「これでTQC四天王を2人倒したんだね……」
と呟いた。空気を変えたいのが痛々しいほど分かる。
「だけど、今までの会員はまだ《マシ》な方。もっと面倒なのが沢山いるんだ」
　新しい薔薇を懐から取り出しつつ、彼は続けた。
「まだ続ける気かい？　君はもう十分にやったよ」
　君はいつ、これが彼の心からの忠告と気づくだろう？

STORY

　作戦会議を開く君の元に、幻影使い・河村が現れた。
「登場シーンがかっこよさのピークだった、スライム相当の河村君じゃないですか！」
　四天王最弱と言われたことを根に持った片渕がねちっこく話す。
「現実は……つらい……10点中3点だ……
　そんなことより……忠告だ……
　《弁士》に挑むのは……やめておけ……」
　次に訪れたのは、マッドサイエンティスト・谷垣。
「《精力》をー、近藤さんからー、分けてもらいましたー」
　窒息仮死状態から蘇生したようだ。健康で何より。
「アドヴァイスー。《しっぽ》にはー、近づくなー」
　筋肉が平常に戻ったスポーツマン・近藤もやって来た。
「谷垣くんに《活力》を分けたら縮んじゃってね。もう一度鍛え直しさ。それと言っておきたいことがあってね。《仮面》の男とは戦わないほうがいい」
　それからしばらくして、画家・原の姿も見えた。
「美しさを求めて、まずは強さに寄り添ってみようかと」
　そしてある人物画を見せながら続ける。
「《隠者》が強いから、よく話をさせてもらってまして」
　君は片渕に問うた。次に挑むのは誰ぞやと。
「《弁士》、《しっぽ》、《仮面》、《隠者》の順に倒します」
　片渕はしゃあしゃあと言うのだった。

第 2 章
《魍魎跋扈》

七色のエモリースイッチ

西川久司

今からあなたを説得します!!

「問う」ことを突き詰め、ついにクイズというフィールドに降り立った弁士。ディベートで鍛えた会話能力やポーカーフェイスを駆使し、心理戦において絶対的な強さを誇る。多少の負け程度なら審判を《説得》して判定勝ちに持っていけるなど、寝技の巧さも最強クラス。

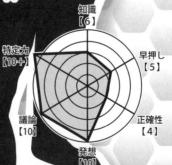

- 知識【6】
- 早押し【5】
- 正確性【4】
- 発想【10】
- 議論【10】
- 特定力【10+】

第2章・西川久司

Q1 日本語の「馬跳び」を英語で言った際に出てくる生き物は何?

Q2 1971年に大阪府箕面市に日本1号店がオープンしている、「ミスド」と略されるドーナツショップは何?

Q3 アメリカ・テキサス州アーリントンに本拠地を置くスポーツチームで、MLBのテキサス・レンジャーズの所属地区はアメリカンリーグ西地区ですが、NFLのダラス・カウボーイズの所属地区はNFCの何地区?

Q4 近年注目を集めている、インターネット上に公開された自らに関する情報の削除を要求できる権利のことを、「どうされる権利」という?

Q5 2008年9月1日に行われた福田康夫首相(当時)の辞任会見での名言「あなたと違うんです」において、福田首相があなたと違うのは具体的にどういった点?

ANSWER

1 かえる【frog】

馬跳びは英語でleapfrogといい、直訳すると「跳躍するかえる」となる。他には、日本語の「犬猿の仲」をcat-and-dog（直訳すると「猫と犬」）、「ごまをする」をapple-polish（リンゴを磨く）、「瓜二つ」をtwo peas in a pod（エンドウのさやの中の二つの豆）などと表現する例がある。

2 ミスタードーナツ

アメリカ発祥のドーナツチェーンであるが、創業者が親戚同士である同業他社のダンキンドーナツに買収されたため、現在アメリカ国内にミスタードーナツの店舗は1店舗しか存在しない。日本では、清掃用具のレンタルやハウスクリーニングなどのサービスを行う企業である株式会社ダスキンが運営している。

3 東地区

MLBはアメリカンリーグとナショナルリーグのそれぞれに東・中・西の3地区、NFLはAFCとNFCの各カンファレンスに東西南北の4地区がある。アーリントンはテキサス州の双子都市ダラスとフォートワースの中間に位置する衛星都市であり、国立墓地や国防総省があるバージニア州のアーリントンとは異なる。

4 忘れられる権利

個人情報の保護に先進的な取り組みをしているEUでは認められる動きがあり、欧州司法裁判所がGoogleに過去の債務情報へのリンク削除を求めたスペイン人男性の訴えを認めたことが話題を呼んだ。一方で、知る権利や表現の自由を重視するアメリカなどにおいてはこの権利に対して慎重な声が多い。

5 自分を客観的に見ることができるという点

「あなた」に当たる中国新聞の道面雅量記者の「総理の会見が国民には他人事のように聞こえる。辞任会見もそのような印象を持った」という指摘への返答である。同年のユーキャン新語・流行語大賞のトップテンにも選ばれたが、福田氏は「花深く咲く処、行跡なし」というコメントを出して受賞を辞退した。

第2章・西川久司

Q6 本社はアメリカ・ワシントン州シアトルにある、ジェフ・ベゾスが創業した書籍などを販売する世界最大のインターネット通販サイトは何？

Q7 たい焼きの中でも特に、一匹ずつを個別の型で焼いて作るものを何という？

Q8 么九牌(ヤオチュウはい)の暗槓(アンカン)に対しては32、和了(ホーラ)すると副底(フーティ)として20が与えられる、七対子(チートイツ)の場合は切り上げなく常に25であるなど、和了形や面子(メンツ)などによって条件が定められている、翻数(ハンすう)と共に麻雀の点数計算に使われる数値は何？

Q9 祖父からの3代に渡って書き進められた『江戸名所図会(ずえ)』を刊行した他、江戸の年中行事を紹介した『東都歳事記(とうとさいじき)』などを著している、江戸時代の文人は誰？

Q10 ペットの年齢を分かりやすく説明するためにしばしば用いられる、発言者自身が属する生物種を用いたたとえといえば、「何で言えばどう」？

ANSWER

6 Amazon.com（アマゾン）

自社の電子書籍閲覧用端末 "Kindle"（キンドル）を販売している。学生向けに書籍のポイント還元サービスを行っており、これが日本における再販制度に反するとして一部の出版社から出荷停止の抗議行動を受けている。フランスでは「反Amazon法」と呼ばれるオンライン書店の送料無料サービスを禁じる法律が制定された。

7 天然物

逆に、鉄板の上で一度に複数個焼かれるものを養殖物と呼ぶ。この区分は、写真家の宮嶋康彦が著書『たい焼の魚拓』の中で提唱した。この本は文字通り、様々な店の天然物たい焼きの魚拓を取って、紹介文と共に掲載したものである。同書では、この区分は洒落に過ぎず、両者に優劣はないとも述べられている。

8 符（ふ）

（一の位を切り上げた）符×2^(飜数+2) が基本点となり、和了すると親は基本点の約6倍、子は約4倍の点を得る。ただし、基本点が2000点を超える場合は点数に制限が付けられ、符は関係なく飜数のみで計算されるようになる。この制限を取り払い、常に符計算を行うルールを「青天井」という。

9 斎藤月岑（げっしん）

月岑は号で、名は幸成。通称市左衛門（いちざえもん）。神田雉子町（きじちょう）など6ヶ町の名主（なぬし）を務めた。現在は東京大学史料編纂所に所蔵されている『斎藤月岑日記』は文政13年（天保元年・1830年）から明治8年（1875年）まで書かれ、幕末から明治初期にかけての江戸や町人の姿を知ることができる貴重な史料となっている。

10 人間で言えば○○歳

「犬の1年は人間の7年」とよく言われ、IT業界の進歩の早さを表す「ドッグイヤー」という言葉もあるが、実際には成長段階や犬種により大きく異なるため一概に計算式を定めることはできない。猫はおおむね、最初の2年で24歳となり、その後は1年で4歳ずつ年を取るとされる。

第2章・西川久司

Q11 毎年3月～4月には全国の高校からの東大・京大合格者数が掲載される、毎日新聞社の発行する週刊誌は何？

Q12 「世界三大食べ方」といえば、ナイフ・フォーク食、箸食（はししょく）と何？

Q13 ロシアで「ストルイピンのネクタイ」と呼ばれるのは、ネクタイではなく何？

Q14 ユーラシア大陸を東西に結ぶ交易路、草原の道・オアシスの道・海の道のうち、「シルクロード」とも呼ばれるのはどれ？

Q15 童謡『サッちゃん』において、サッちゃんが自分のことをサッちゃんと呼ぶこと、バナナを半分しか食べられないこと、ぼくのことを忘れてしまう可能性が高いことに共通する理由は何？

ANSWER

11 『サンデー毎日』

同じく東大・京大合格者数を掲載する『週刊朝日』と並び、ビジネス誌以外の週刊誌としては国内最古である。山崎豊子の『白い巨塔』『不毛地帯』や司馬遼太郎の『国盗り物語』、長谷川町子の『いじわるばあさん』などが連載されていた。なお、名前に反して発売日は日曜日ではなく火曜日である。

12 手食

手食文化、ナイフ・フォーク食文化、箸食文化の世界人口に占める割合はそれぞれ約40%、30%、30%で手食が最も多い。米の種類などの食材の違いや、宗教的戒律などの様々な理由により、地域ごとに食作法の差異が生まれている。歴史的には手食、箸食、ナイフ・フォーク食の順で登場している。

13 絞首台

1905年のロシア第一革命後に首相に就任したピョートル・ストルイピンが多くの反体制勢力を処刑したことから、皮肉を込めてこう呼ばれるようになった。似た言葉に、焼夷弾を指す「モロトフのパン籠」や火炎瓶を指す「モロトフカクテル」があり、共にソ連の政治家ヴャチェスラフ・モロトフに由来する。

14 オアシスの道

「シルクロード」は中国産の絹がこの経路で西方に伝わったことから、ドイツの地理学者フェルディナント・フォン・リヒトホーフェンにより命名された。草原の道はモンゴル帝国などの騎馬民族の移動に使われたルートで、海の道は中国産の陶磁器が主要な交易品であったことから「陶磁の道」とも呼ばれる。

15 ちっちゃいから

『サッちゃん』は作詞を阪田寛夫、作曲は大中恩が担当した。この2人はいとこ同士であり、他にも『おなかのへるうた』や合唱曲『わたしの動物園』などを手がけた。阪田は小説『土の器』で第72回芥川賞を受賞している。大中の作品には他に『いぬのおまわりさん』や合唱曲『島よ』などがある。

第2章・西川久司

Q16 旭化成パックス株式会社の登録商標である、「こちら側のどこからでも切れます」という説明書きでおなじみの易開封技術は何？

Q17 日本酒の味の目安となる、水との比重を表した度数は何？

Q18 2011年アジアカップ日本対シリア戦における「なんなんすかこれ」「ふざけたロスタイムですねえ」などの名言が知られる、応援のような熱い解説でおなじみのサッカー解説者は誰？

Q19 「13恐怖症」のことをトリスカイデカフォビアと言いますが、「13日の金曜日恐怖症」のことを何という？

Q20 防犯のために同居人の存在を装う女性やペットを溺愛している人などの例外を除けば一人暮らしの人間はほぼ確実に行っている、一般的には事件や事故などで不慮の死を遂げた人の遺体が自宅に戻ることを指す言葉といえば、「どんな何」？

ANSWER

16 マジックカット

プラスチックフィルムに無数の穴を空けることで切りやすさを実現している。旭化成パックスの前身である旭化成ポリフレックスの専務が新幹線に乗車した際に、おつまみの燻製イカのパックを老眼のせいで開封できなかった経験から開発された。類似技術に大阪シーリング印刷の「マイカット」がある。

17 日本酒度

水より重いとマイナス、軽いとプラスの値になり、数字が大きいほど辛口になる。これは糖分を多く含む酒ほど密度が高いためである。日本酒の甘さ、辛さには糖分だけでなく酸なども大きな影響を及ぼすため、日本酒度のみで酒の味を表すことは難しい。酸度や甘辛度など日本酒度以外の指標も存在する。

18 松木安太郎

ループシュートを「ふわっと」と表現するなど専門用語を使わない、選手の名前の前に背番号をつけて呼ぶなどの特徴があるが、これは普段サッカーを見ない視聴者にも分かりやすく伝えるためあえて行っていることである。監督としてはヴェルディ川崎をJリーグ初代年間王者に導いた実績がある。

19 パラスケビデカトリアフォビア [paraskevidekatriaphobia]

別名フリガトリスカイデカフォビア。アメリカでは1700〜2100万人がこの症状に苦しんでいると言われる。イエスが磔にされたのが金曜日だとされていることや、旧約聖書でアベルが兄のカインに殺されたのが13日の金曜日であるという説などが、この日を不吉と捉える風潮に繋がったと考えられている。

20 無言の帰宅

この言葉の起源は不明だが、戦時中の新聞記事において、戦死した軍人に対して「無言の凱旋」や「声なき凱旋」などの表現がしばしば用いられている。集合住宅のエレベーターには、奥行きを広げて棺桶や担架を入れるためのトランクと呼ばれる隠しスペースを持つものがあり、無言の帰宅の際に用いられる。

第2章・西川久司

Q21 毎年6月～7月にかけて普及運動が行われる、公益財団法人麻薬・覚せい剤乱用防止センターによる薬物乱用防止のスローガンは何？

Q22 フランス中西部ポワトゥー・シャラント地方にある人口約3000人の村で、この村の名前を冠した発酵バターが近年日本で人気を博しているのはどこ？

Q23 猛禽類の一種「ミサゴ」を意味するチーム名を持つ、アメリカ・ワシントン州シアトルに本拠地を置くNFL・NFC西地区のチームは何？

Q24 「汝の意志の格率が、常に同時に普遍的立法の原理として妥当しうるように行為せよ」という言葉に代表される義務論的倫理学を提唱した、ドイツの哲学者は誰？

Q25 一揆の盟主や大日本帝国憲法下における内閣総理大臣などがこれに該当する、「同輩中の首席」のことをラテン語で何という？

ANSWER

21 「ダメ。ゼッタイ。」

地球をモチーフにしたマスコット「ダメ。ゼッタイ君」でも知られる。6月26日が「国際麻薬乱用撲滅デー」であるため、この日を含む1ヶ月間が普及運動期間となっている。6月26日は1987年に開催された「国連麻薬閣僚会議」の終了日にあたり、麻薬・覚せい剤乱用防止センターもこの年に設立された。

22 エシレ【Échiré】

2009年に世界初の専門店が東京・丸の内にオープンしたのをきっかけに人気が沸騰した。発酵バターは原料のクリームに乳酸菌を加えて乳酸発酵させてから作るバターのことで、ヨーグルトのような軽い酸味と香りが特徴。古くからバターが作られてきたヨーロッパでは主流となっている。

23 シアトル・シーホークス

2014年の第48回スーパーボウルで初優勝を果たした。本拠地のセンチュリーリンク・フィールドはクラウドノイズ（ファンの歓声による相手攻撃陣への妨害）が激しいスタジアムとして知られ、カンザスシティ・チーフスの本拠地アローヘッド・スタジアムと「世界一うるさいスタジアム」の座を争っている。

24 イマヌエル・カント

『純粋理性批判』『実践理性批判』『判断力批判』の三批判書や『永遠平和のために』などの著書がある。頭書の言葉は『実践理性批判』におけるもので、自らの行動が、定言命法と呼ばれる「（ただ）～せよ」という形の万人に対して普遍的に通用する道徳命令に常に基づくことを求めている。

25 プリムス・インテル・パーレス【Primus inter pares】

あくまで「同輩中の首席」に過ぎないため、他のメンバーと立場上は対等である。たとえば、戦国大名の毛利氏はもともと安芸の国人一揆で盟主を務めていたが、その中で実力をつけ、大名の地位へのし上がった。他には、江戸時代の徳川政権をも諸大名中のプリムス・インテル・パーレスと捉える学説がある。

「私の負けです。死んで詫びます」
「生きて償ってください、西川さん」
 片渕がセーブする。本当に死ぬとシャレにならない。ちなみに仮死までならセーフである。
「冗談ですよ。私の目が黒いうちは、貴方たちの活躍を見させてもらいますからね」
「ええ。僕も目の黒さに誓いましょう。クイズの未来は、僕たちが守ります」

「出題者より」

問題文と答えだけでなく解説にも面白い情報・豆知識を入れることにこだわりました。たとえば、第2問ではミスタードーナツがアメリカ発祥であることやそのアメリカには現在1店舗しか存在しないこと、第5問では「あなたと違うんです」の「あなた」が誰であったかを紹介しています。普段からクイズを出題するだけでは情報を伝えきることができないと感じていたので、こうした機会を頂けたことは非常に喜ばしく思っています。

 そこに突然現れた……あれは、ケモノ？
「しっぽ、もふもふだから、かわいい♪」
 西川の顔つきが引き攣る！
「ろ、論理が破綻している……弁証できていない！」
 弁士は白目を剥いて倒れた。
 片渕は闖入者を白眼視しつつ、そちらに向き直る。
「現れましたね……《しっぽ》。今日こそはそれを巻いて逃げてもらいます」

みみとしっぽの幻想郷（カーニバル）

間明祥太郎

- 知識【6】
- 早押し【4】
- 正確性【6】
- 発想【8】
- みみ【10】
- しっぽ【10+】

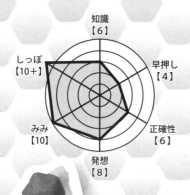

もふもふしっぽ どうだい？

興味を持ったものはとことん調べるタイプの彼だが、どれだけ調べてもなぜ人間に「しっぽ」が生えていないかは分からなかった。そして彼は悟った、自分で生やせばいいのだと。しっぽを振りながら、彼は今日もケモノ道を突き進む。さあ、幻想郷（カーニバル）の始まりだ。

第2章・間明祥太郎

Q1 コンビニエンスストアではこの場所にゴミ箱が置かれることもある、建物の保護のために軒下をコンクリートなどで敷き固めた部分を、ある動物の名前を使って何という？

Q2 鹿の肉のことを、ある植物の名前を使って何という？

Q3 日本に野生として生息する2種類のキツネといえば、キタキツネと何？

Q4 「鹿ケ谷」「宿儺」「打木赤皮甘栗」といえば、どんな野菜の種類？

Q5 『キノの旅』『灼眼のシャナ』『とある魔術の禁書目録』などが刊行されている、アスキー・メディアワークスのライトノベルレーベルは何？

ANSWER

1 犬走り

「犬が通れるほどの空間」という意味である。建物との調和を考えて石や砂利が使われる場合もある。犬走りと似たような言葉「ドッグラン」は、犬を放して遊ばせることができる広場を指し、「キャットウォーク」は、ファッションショーでモデルが歩く通路や、劇場の上部にある作業用の通路を指す。

2 もみじ

鹿には紅葉が取り合わせであることに由来する。また、「もみじ」はその見た目から鶏の足を指すこともある。他には、馬の肉を「さくら」、猪の肉を「ぼたん」、鶏の肉を「かしわ」と呼ぶ。猪の肉は「山鯨」とも呼ばれるが、これは獣の肉を食べることがかつては禁忌であったために言い換えられたものである。

3 ホンドギツネ

キタキツネは北海道に、ホンドギツネは本州・四国・九州に分布する。日本に2種類しか生息しない動物には、タヌキ（ホンドタヌキ・エゾタヌキ）、クマ（エゾヒグマ・ニホンツキノワグマ）、イノシシ（ニホンイノシシ・リュウキュウイノシシ）、オコジョ（ホンドオコジョ・エゾオコジョ）の例がある。

4 かぼちゃ

「鹿ケ谷かぼちゃ」は京野菜の一つで、ひょうたんに似た形が特徴である。「宿儺かぼちゃ」は岐阜県高山市で生産されるかぼちゃで、ヘチマのような細長い形状をしている。「打木赤皮甘栗かぼちゃ」は石川県金沢市で生産される加賀野菜の一つで、赤色の皮を持ち栗のような円錐形をしている。

5 電撃文庫

電撃文庫は1993年に創刊され、現在のライトノベルレーベルとしては最大手である。他のレーベルにはファンタジア文庫、スニーカー文庫、MF文庫J、ファミ通文庫などがある。ちなみに、「ライトノベル」という名称を造語したのは、当時ニフティサーブのシステムオペレーターであった神北恵太である。

第2章・間明祥太郎

Q6 36マス×36マスの盤に804枚の駒を使う、将棋の種類の中では最も規模が大きい将棋は何?

Q7 2000年ごろから札幌を中心に流行が広まった、とろみが少なくさらさらとしたカレー料理は何?

Q8 あだちなみ と あいはらひろゆきの絵本『くまのがっこう』に登場する、12匹のくまの末っ子の女の子は誰?

Q9 同名のパズル誌も季刊で発売されている、「数独」という商標を所有するパズル会社は何?

Q10 万物が「木」「火」「土」「金」「水」に分類されるとする、古代中国の思想を何という?

ANSWER

6 大局将棋

江戸時代に考案された将棋の一つで、36マス×36マス＝1296マスの盤と敵味方合わせて804枚、209種類の駒を使用する。駒には鳳凰、毒蛇、狛犬、牛車、仲人など耳慣れない駒が数多くある。なお通常の将棋とは異なり、取った駒は持ち駒として使うことができない。

7 スープカレー

スープ状のカレーは元々札幌にあったが、「スープカレー」の名で売り出したのは「マジックスパイス」というカレー屋が始まりと言われている。ご飯にカレーをかける通常のカレーとは違い、ご飯とカレーは別の皿に盛られており、スプーンにご飯をとってカレーに浸す食べ方が食べやすいとされる。

8 ジャッキー

絵本『くまのがっこう』シリーズは2002年から現在まで10作品以上出版されており、2010年にはアニメ映画にもなった。2013年からは絵本シリーズ第7作目に登場したキャラクター、ルルとロロを主人公としたアニメ『がんばれ！ルルロロTINY★TWIN★BEARS』がNHK Eテレで放送された。

9 ニコリ

1980年に『パズル通信ニコリ』が創刊され、1983年には「株式会社ニコリ」が設立された。設立者で現社長の鍜治真起が競馬好きであり、当時イギリスのダービーに出走した競走馬「ニコリ」から名前が取られている。ちなみに「数独」とは「数字は独身に限る」を略したものである。

10 五行説

鄒衍らが説いた五行相剋説と劉向らが説いた五行相生説がある。五行のうち特に木・火・金・水には、方角では東・南・西・北、色では青・朱・白・玄（赤や黄を帯びた黒）、季節では春・夏・秋・冬、四獣では青龍・朱雀・白虎・玄武が割り当てられた。「青春」という熟語はこの五行説に由来する。

第2章・間明祥太郎

Q11 漢字で「山毛欅」と書くのは「ブナ」ですが、「仙毛欅」と書く植物は何？

Q12 肉、野菜、豆腐などのいろいろな具材を、開いた油揚げで巻き、それを煮て味をつけた料理を何という？

Q13 登場人物を猫として描いた独特の表現で知られる、『風の又三郎』や『銀河鉄道の夜』などの宮沢賢治の小説を漫画化した、山形県出身の漫画家は誰？

Q14 運動会の定番曲の一つ『トランペット吹きの休日』や、クリスマスシーズンに流れる『そりすべり』などを作曲したアメリカの作曲家は誰？

Q15 解析力学において、運動エネルギーとポテンシャルエネルギーの差で表される関数は何？

ANSWER

11 イヌブナ

ブナは「橅」、イヌブナは「犬橅」とも書く。ブナの実はどんぐりとして知られ、また、イヌブナは材質がブナより劣ることから名づけられた。同じ漢字を含む植物の組合せには、「大豆・大角豆」、「百日紅・吾赤紅」、「桜桃・山桜桃」、「石榴・海石榴」、「山茶・山茶花」、「黄楊・黄櫨」の例がある。

12 信太巻き

油揚げは狐の好物であり、信太の森の狐伝説に結び付けてこう呼ばれる。この伝説は「葛の葉伝説」や「信太妻」とも呼ばれ、信太の森の狐が人間に化けて結婚し子供をもうけるが、正体を知られたため森へ帰ってしまうという内容で、浄瑠璃『蘆屋道満大内鑑』の題材となっている。

13 ますむらひろし

宮沢賢治の『猫の事務所』に着想を得て、1973年に『霧にむせぶ夜』で漫画家デビュー。その後『ヨネザアド物語』『アタゴオル物語』など、空想的な漫画を描く。1985年の映画『銀河鉄道の夜』は彼の漫画が原作であり、2012年の映画『グスコーブドリの伝記』ではキャラクター原案を務めている。

14 ルロイ・アンダーソン

メロディが猫の鳴き声に聞こえる『ワルツィング・キャット』や時計の「チクタク」を表現した『シンコペイテッド・クロック』などユーモラスな曲を数多く残す。使用する楽器自体が面白い曲もあり、『タイプライター』では本物のタイプライター、『サンドペーパー・バレエ』では紙やすりが使われている。

15 ラグランジアン【ラグランジュ関数】

フランスの物理学者・数学者ジョゼフ＝ルイ・ラグランジュが導入した量で、ニュートン力学よりも一般的な運動方程式を記述でき、複雑な問題を考える際に計算しやすいという利点がある。ラグランジアンに対して、運動エネルギーとポテンシャルエネルギーの和はハミルトニアンと呼ばれる。

第2章・間明祥太郎

Q16 生涯成績は19戦4勝。中央競馬史上初めて名前に「ヲ」の文字が使われた日本の競走馬は何？

Q17 日本の感染症法で定められている、デング熱、狂犬病、マラリアなど、動物や飲食物を介して感染する感染症は何類感染症？

Q18 統計力学において記号"Z"で表される、一定の粒子数を持つ系が熱平衡状態にある際に、全ての微視的状態の和を重み付きで取った統計量を何という？

Q19 ゲーム『ポケットモンスター赤・緑』のディレクターを務めた「ポケモンの生みの親」で、アニメ『ポケットモンスター』の主人公「サトシ」の名前の由来となっているのは誰？

Q20 京都にある伏見稲荷大社の主祭神であり、稲荷神として信仰される、五穀・食物の神は誰？

ANSWER

16 エガオヲミセテ

馬主は「オレハマッテルゼ」「ロバノパンヤ」「ワナ」などの珍馬名で知られる小田切有一。エガオヲミセテの最期は、2000年に中山牝馬ステークスへの出走に向けて調整のため山元トレーニングセンターで休養していたところ、そこで起きた火事に巻き込まれ焼死するという悔やまれるものだった。

17 四類感染症

重篤性や感染力に基づいて一類から五類の感染症に分類され、診断した医師は直ちに届出が必要となる。一類感染症はエボラ出血熱・天然痘・ペスト、二類感染症は結核・ポリオ・ジフテリア、三類感染症はチフス・コレラ・赤痢、五類感染症ははしか・三日ばしか・破傷風などが対象となる。

18 分配関数

記号 "Z" はドイツ語の "Zustandssumme"(状態和)の頭文字を取ったものである。分配関数は、ある系が任意のエネルギー状態を取る確率の規格化因子になっており、その系の様々な物理量の平均値を求める際にも使われる。粒子数が変化する系における分配関数は特に「大分配関数」と呼ばれる。

19 田尻智

ゲーム『ヨッシーのたまご』『マリオとワリオ』も手掛けた。『ポケモン』は彼が子供時代に昆虫採集に熱中した思い出がもとになっており、オタマジャクシのポケモン「ニョロモ」に強い思い入れがあるという。ちなみに、サトシのライバル「シゲル」の由来は、マリオの生みの親・宮本茂と思われている。

20 ウカノミタマ【宇迦之御魂神・倉稲魂命】

五穀を司る神であるので、「稲生り」から「稲荷」と呼ばれるようになった。また、ウカノミタマは狐の神ではないが、食べ物の神を意味する「御食津神」が「三狐神」と当て字されたことより神使が狐とされる。そのため、全国の稲荷神社では狛犬の代わりに狐の像を置くことが多い。

第2章・間明祥太郎

Q21 化学において17族元素をハロゲン、16族元素をカルコゲンといいますが、15族元素を何という？

Q22 『練習曲「鉄道」』『演奏会用練習曲「騎士」』『大ソナタ』などのピアノ曲で知られる、19世紀フランスの作曲家は誰？

Q23 元々はフランスの動物説話集『狐物語』の主人公の狐の名前であったが、現在では一般にフランス語で「狐」を意味する単語は何？

Q24 オーストリアの「AUG」やフランスの「FA-MAS(ファマス)」で採用された、銃の機関部を銃床(じゅうしょう)に収納し、全長を短縮したタイプのライフルを何という？

Q25 旧約聖書では神がアブラハムとその子孫に与えると約束したという、ヨルダン川、死海、地中海にはさまれたパレスチナ地方のかつての名前は何？

ANSWER

21 プニクトゲン【プニコゲン】

15族は窒素やリンなどが属する族で、英語のpnictogen (pnicogen) はギリシャ語の「窒息する」に由来する。フッ素や塩素が含まれるハロゲンは「塩をつくる」から。酸素や硫黄が含まれるカルコゲンは「銅の鉱石をつくる」という意味で、これはかつて銅は主に硫化物の鉱石として得られたためである。

22 シャルル=ヴァランタン・アルカン

その技巧的な作品群はピアノの魔術師、フランツ・リストには好意的に評価されたが、繊細な作品を残すロベルト・シューマンには酷評された。アルカンの死に関しては、倒れた本棚の下敷きになって亡くなったという話もあるが、心不全などの病気で亡くなったとする説が有力である。

23 ルナール【renard】

『狐物語』は12世紀後半から13世紀にかけて複数の作者によって書かれた、悪知恵にたけた狐ルナールを主人公とした説話集である。それ以前のフランス語で狐は"goupil"と呼ばれていたが、『狐物語（Le Roman de Renart）』が有名になってしまい"renard"（"renart"が変化した形）に取って代わられた。

24 ブルパップ

「ブルドッグの子犬」という意味だが、なぜそう呼ばれるかは不明。銃身の長さを犠牲にせずに短縮化に成功したため、一時期はこの方式の銃が主流になるかと思われた。しかし、構えづらさや耳元で大きな発射音がするなどの欠点により、ブルパップ式の銃を軍で採用している国は一部にとどまる。

25 カナン【Canaan】

カナンという名称は、この地特産の赤みを帯びた紫の染料「キナフ」に由来するとされる。エジプトやメソポタミアの影響を受けて紀元前2000年ごろにカナン文化は最盛期を迎えたが、紀元前13世紀以後「乳と蜜の流れる地」と呼ばれたこの地を求めてイスラエル人が侵入し、征服された。

間明のネジ穴はしっぽに空いていた。しっぽを基準に物事を考えるあまり、思考の機能が脳からしっぽに移っていたのだった。人間の可能性は無限大だ。
「しっぽ♪　しっぽ♪　しっぽりしっぽ♪」
下半身で物を考えるケモノ。完全に恐怖の対象である。
「しっぽだけしかいらない♪」
「……なら、その要らない顔、貰い受ける」
ケモノの顔面に手を掛ける、新たな人物の正体は。

「出題者より」

かわいいものが好きです。キャラクターや動物はかわいいので好きです。パズルも好きです。解くのも好きですが、作るのも好きです。覆面算を作ったのでお好きな方は解いてみてください。この覆面算を作っている途中で「NINE+FOXES+FOUND=SIXDOG」という覆面算もできたのですが、DOGが複数形じゃないし、自分で解けないぐらいに難しいしで、言葉のチョイスは好きだけどボツにしましたとさ。

問題
```
    I
 FIND
+NINE
-----
FOXES
```

答えは144ページ

「アアァァァァァァァ♪」
しっぽを出した男の、化けの皮が剥がされていく。
剥ぎとった間明の顔面を手にした人物、彼自身の顔を君は見た。
君はこれまで、こんな不思議な男の顔を見た事が、いちども無かった。

無貌

高口遼太郎

顔はその人の人生を表す……彼は「顔」に魅せられた男。あらゆる人間の顔や人名、業績を集めることが趣味。集めた個人の顔に没入し、その人の歩みを追体験することを愉悦とするのだ。様々な人生の味わいを知り尽くした彼の次なる獲物、それは君の顔、そして君の人生だ。

- 知識【8】
- 早押し【3】
- 正確性【10】
- 発想【4】
- 人名力【10+】
- ことば【1】

第2章・高口遼太郎

Q1 福島県岩瀬郡鏡石町にある岩瀬牧場がそのモデルであると言われている、「ただ一面に立ちこめた」という歌い出しの文部省唱歌は何？

Q2 プロバンス地方の生まれで、故郷のプロバンス語で詩を書くとともにその保護に努めたフランスの昆虫学者で、全10巻からなる著書『昆虫記』で知られるのは誰？

Q3 紀元前3000頃メソポタミア南部にウル、ウルク、ラガシュなどの都市国家を建設した、六十進法、楔形文字を使用した民族は何？

Q4 そのナレーションは俳優の石丸謙二郎が務めている、世界各地の鉄道の車窓から見える景色や沿線の名所などを音楽に乗せて紹介する、テレビ朝日系で放送されているミニ紀行番組は何？

Q5 「メランジ」と呼ばれるスパイスを唯一産する惑星アラキスを舞台に、父を殺された主人公ポウル・アトレイデが現地人のフレーメンと協力しながら仇敵ハルコネン家を倒すまでを描いた、フランク・ハーバードのSF小説は何？

ANSWER

1 『牧場の朝』

赤羽駅や久喜駅などで発車メロディとして用いられている。作曲者は舟橋栄吉で、作詞者は長い間不明であったが、1973年に郷土研究家の最上寛さんによって資料が発見され、『朝日新聞』の記者として有名な杉村楚人冠であることが明らかにされた。なお、岩瀬牧場は日本初の国営牧場としても知られる。

2 ジャン・アンリ・ファーブル

プロバンス語は肯定を意味する語がocであることから、オック語の別名がある。ファーブルは詩人としても高名で、モーリス・メーテルリンク、フレデリック・ミストラルらの推薦によりノーベル文学賞の候補となっている。ちなみに、『昆虫記』を初めて日本語に翻訳したのはアナーキストの大杉栄である。

3 シュメール人

シュメール人はバベルの塔の話の元となった聖塔ジッグラットを建造したことなどでも知られる。元々「シュメル」と表記されていたが、「すめらみこと」は「シュメルのみこと」が訛ったものであるなどの俗説が流布し、混同を避けるために中原与茂九郎が現在の表記に改め、これが一般的になった。

4 『世界の車窓から』

第1週で放送された旅は「ロンドンからエディンバラまでの旅」で、第1回放送でクローズアップされたのはキングスクロス駅であった。2013年9月に急に最終回を迎えたことがネット上で話題となったが、実際は北海道テレビ放送のみの話であった。なお、番組テーマ曲を手がけているのは溝口肇である。

5 『デューン/砂の惑星』

1996年の第1回ネビュラ賞と同年のヒューゴー賞を受賞し、ダブルクラウンを達成した初の作品となった。映像化が試みられるも、アレハンドロ・ホドロフスキーは製作に失敗。デビッド・リンチは制作にこそ成功するも、本人は失敗作と思い、再編集版が作られた際にはアラン・スミシー名義で発表されている。

第2章・高口遼太郎

Q6 衣料用防虫剤「ゴン」や「かとり線香」「キンチョール」といった商品を販売している、KINCHOの商標で知られる企業は何?

Q7 代表作に『婦人像』『金蓉(きんよう)』がある日本人洋画家で、岩波文庫から出版されている『広辞苑』の装丁を手がけたことで知られるのは誰?

Q8 公開直後に監督の伊丹十三(いたみじゅうぞう)が映画に不満を持った暴力団員に襲撃される事件が起きている、民事介入暴力を専門とする弁護士・井上まひるが名門ホテルから暴力団の勢力を排除しようとするという内容の1992年公開の映画は何?

Q9 代表曲に*Paranoid*、*Iron Man*があるイギリスのヘヴィメタルバンドで、そのボーカルをオジー・オズボーンが務めているのは何?

Q10 父に「超有機体論」を唱えた人類学者のアルフレッド・クローバーがいる、代表作に『闇の左手』や宮崎吾朗監督によって映画化された『ゲド戦記』があるアメリカ人SF作家は誰?

ANSWER

6 大日本除虫菊

1885年創業の上山商店が前進で、当初はみかんの輸出を行っていた。現在の事業は創業者の上山英一郎がアメリカ人から除虫菊の種を譲り受けてから始められ、以後、世界初の棒状蚊取り線香を発明するなどの成功を収めた。同社の鶏のロゴは「鶏口と為るも牛後と為る勿れ」という故事成語に由来する。

7 安井曾太郎

19歳で津田青楓の留学に同行して渡仏した際に、手元にあった油絵を焼き捨ててしまったので、それ以前に書いた作品は3点しか確認されていない。代表作の『金蓉』のモデルは小田切峰子という女性で、パトロンを務めていた細川護立の依頼によって描かれた。ちなみに『広辞苑』の編者は新村出である。

8 『ミンボーの女』

映画が公開された当時、暴力団新法が施行されたこともあって大ヒットし、伊丹作品最高のヒット作となった。主演を務めた宮本信子は伊丹十三の妻で、2013年の連続テレビ小説『あまちゃん』にヒロインの祖母役で出演している。伊丹十三の作品には他に、『マルサの女』や『あげまん』がある。

9 ブラック・サバス【Black Sabbath】

創設メンバーはトニー・アイオミ、ギーザー・バトラー、ビル・ワードとオズボーンの4人。デビューアルバムのBlack Sabbath（暗い安息日）は、1970年2月の「13日の金曜日」に合わせて発売された。なお、バンド名はボリス・カーロフ出演の映画『ブラック・サバス／恐怖！三つの顔』に由来する。

10 アーシュラ・ル=グウィン

巧みなことば遣いから「西の善き魔女」の異名を取り、これは荻原規子の小説『西の善き魔女』の由来となっている。ジブリの原作を書いた外国人作家には、『ハウルの動く城』のダイアナ・ジョーンズ、『床下の小人たち』のメアリー・ノートン、『思い出のマーニー』のジョーン・ロビンソンがいる。

Q11
著書に『リリエンフェルトスキー滑降術』などがある、アルペンスキーの開祖とされるオーストリアのスキー教師は誰？

Q12
論文執筆者のアルファ、ベーテ、ガモフの3人の名前と発音の似ている3つのギリシア文字から名づけられた、中性子ガスが宇宙の膨張に伴ってあらゆる元素になったと考える、宇宙に存在する元素の起源を説明する理論は何？

Q13
父に同じく建築家のエリエルがいる、代表作にゲートウェー・アーチやジョン・F・ケネディー空港TWAターミナルがあるフィンランド出身の建築家は誰？

Q14
テストマッチでバッティングアベレージ99.94などの記録を残し、「史上最高のバッツマン」の呼び声が高いオーストラリアのクリケット選手は誰？

Q15
1671年にルイ14世のために開かれた祝宴を運営し、ルイ14世から絶賛されるも、最終日に発注していた魚介類が届かず、責任を感じて自ら命を絶ってしまったフランスの料理人は誰？

ANSWER

11 マティアス・ツダルスキー

フリチョフ・ナンセンの著書に影響されてスキーを始めた。第一次大戦中にケッチュアッハ山近くで雪崩遭難事故の救援活動を行った際、自らも二次雪崩に遭遇して大怪我をし、以後不自由な体でも滑れるスキー器具の開発にも尽力した。なお、日本にスキーを伝えたテオドール・レルヒは彼の高弟であった。

12 $αβγ$理論

ベーテは初期の研究に全く参加していなかったが、「$β$にあたる人が入れば語呂がいい」という理由で論文執筆の際に加えられた。この理論では炭素よりも原子番号の大きな元素の生成を説明することができず、後に日本人の林 忠四郎によって「$αβγ$ハヤシの理論」として改訂されている。

13 エーロ・サーリネン

シドニーのオペラハウス建造の際にコンペの審査員を務め、一次選考に落ちたヨルン・ウッツォンの案を強く推してコンペに勝たせている。チャールズ・イームズと共同で「オーガニックチェア」という椅子も発表した。父のエリエルはヘルシンキ鉄道駅やクランブルック美術アカデミーなどの作品を残した。

14 ドナルド・ブラッドマン

「ザ・ドン」の愛称で親しまれた偉大な選手である。クリケットでは、ボールを打ってから返球されるまでにウィケットと呼ばれる柱を往復した回数だけ得点（ラン）が入る。バッティングアベレージはランの合計をアウトの回数で割ったもので、一般に50を超えると超一流のバッツマン（打者）と呼ばれる。

15 フランソワ・ヴァテール

クレーム・シャンティーというお菓子の考案者でもある。港に発注していた魚介類は嵐のせいで届かなかったが、嵐を見越して別の港に発注していたものが彼の死の直後に届けられ、助手たちによって料理は完成した。有名なフランス料理人は他に、オーギュスト・エスコフィエやアントナン・カレームがいる。

Q16 国立台湾博物館の前身である総督府博物館の初代館長を務めている、1897年に阿寒湖で発見した緑藻に「マリモ」と命名した日本人植物学者は誰？

Q17 現在はマツダ車のチューニングパーツを扱う株式会社AutoExeの代表を務めている、ル・マン24時間耐久レースに20回以上参加し、「日本のMr.ル・マン」と呼ばれるレーシングドライバーは誰？

Q18 その企業名は創業者と後援者の名字を合わせたものである、ベンチャーズのノーキー・エドワーズや加山雄三らに愛用されて人気を博し、「ギター界のロールスロイス」と呼ばれるギターメーカーは何？

Q19 1907年5月12日に行われた母のアンの追悼式の際に一箱のカーネーションを捧げ、アメリカにおける「母の日」の基礎を作ったアメリカ人女性は誰？

Q20 宗教儀式や酒宴の席で踊られる「立ち踊り」をはじめとしたアイヌの風習をイメージして作曲された伊福部昭の交響曲で、その第三楽章の冒頭がNHKの緊急地震速報のチャイム音の元となったのは何？

ANSWER

16 川上瀧彌

新渡戸稲造など当時北海道に住んでいた学者たちと親交があり、特に「納豆博士」こと半澤洵とは親友であったらしい。マリモの研究をした人物には他に、人間型ロボット「學天則」を開発した西村真琴や、植物分布線の「宮部線」に名を残す宮部金吾がいる。「マリモ」の命名者を宮部金吾とする説もある。

17 寺田陽次郎

ル・マン24時間レースは毎年6月にブガッティサーキットと公道を合わせたサルテサーキットを24時間走り、走行距離を競う自動車レースである。2輪のものもあり、2輪ではブガッティサーキットのみが使われる。ちなみに、寺田陽次郎の娘は『遊☆戯☆王』の孔雀舞役で知られる声優の七緒はるひである。

18 モズライト

創業者はセミー・モズレー、後援者はレイ・ボートライトである。セミーの死後、妻・ロレッタと、フィルモア、黒雲製作所の間で商標権でもめ、泥沼裁判に陥っている。俗に○○のロールスロイスと呼ばれるものには、トラクターのマッセイ・ファーガソンやスニーカーの1300シリーズがある。

19 アンナ・ジャービス

母のアンはマザーズ・デー・ワーク・クラブという団体を各地で組織し、南北戦争で敵味方の区別なく治療を行わせたことで知られる。戦前の日本では3月6日の皇后誕生日を「母の日」としていたが、戦後はアメリカに倣い、5月の第2日曜日となった。ちなみに、「父の日」を提唱したのはソノラ・ドッドである。

20 シンフォニア・タプカーラ【タプカーラ交響曲】

1954年に完成した初稿を1979年に改訂しており、改訂版は芥川也寸志の指揮によって初演された。緊急地震速報のチャイム音は甥の伊福部達によって開発され、同氏は2012年に「音の匠」に選ばれている。「音の匠」は日本オーディオ協会が贈る賞で、他の受賞者にはVOCALOIDの生みの親の剣持秀紀がいる。

第2章・高口遼太郎

Q21 「超越瞑想」を創始したヨガ行者で、インドのリシケシで行われたセミナーでビートルズに瞑想を教え、彼らに多大な影響を与えたのは誰？

Q22 シュトラウスの『こうもり』『ジプシー男爵』や、ベートーベンの『交響曲第5番《運命》』『フィデリオ』が初演されたウィーンにある劇場は何？

Q23 「カッコウナマズ」とも呼ばれる、マウスブルーダーのシクリッドに托卵するという変わった習性をもつタンガニーカ湖に生息するナマズの一種は何？

Q24 映画『E.T.』の撮影に使われた「空飛ぶ自転車」を製作した、大阪府に本社を置く日本の自転車メーカーは何？

Q25 その多くは相棒の円館金さんとの共同発見である、数多くの小惑星を発見して「時計台」「大通公園」「知床」など北海道に関係する名前をつけた釧路市出身のアマチュア天文家は誰？

21 マハリシ・マヘーシュ・ヨーギー

ビーチ・ボーイズ、ドノヴァンらにも影響を与え、ヒッピーたちの間で三大グルの1人に数えられた。現在ではしばしば「意識の分野のアインシュタイン」とも呼ばれる。ちなみに、ジョージ・ハリソンにシタールを教えたのは、ノラ・ジョーンズの父としても知られるラビ・シャンカールである。

22 アン・デア・ウィーン劇場

モーツァルトの『魔笛』で台本とパパゲーノ役を務めたエマヌエル・シカネーダによって開かれ、第二次大戦後の10年ほどは爆撃で破壊された国立歌劇場の代わりとなった。ちなみに、ウィーンフィル・ニューイヤー・コンサートが行われるのはムジークフェライン（ウィーン楽友協会）のホールである。

23 *Synodontis multipunctatus*

マウスブルーダーは一定期間子を口内で育てる習性を持つ動物のことで、アロワナが代表例である。托卵は産んだ卵を自分で育てず、他の個体に世話をさせる習性のことで、カッコウがモズに対して行うものがよく知られる。カッコウナマズは托卵のみを行い、自分で全く育てない真性托卵であることが珍しい。

24 KUWAHARA BIKE WORKS

アトランタ五輪のマウンテンバイクX C（クロスカントリー）で銀メダルを獲得したトーマス・フリシュクネヒトが、その競技チームにかつて所属していた。なお、『E.T.』でエリオット少年が森に蒔くチョコレートはハーシーのREESE'S PIECESであるが、企画段階ではM&M'sのものが使われる予定だった。

25 渡辺和郎

発見した小惑星はすべてが北海道に関係するというわけではなく、「たこやき」など他の都道府県に関連するものもある。ちなみに、発見したもののなかに「Fukuoka」があるが、これは人名由来である。2014年時点で、日本人で最も多くの小惑星を発見したのは小林隆男さんで、記録は2479個である。

「……馬鹿な。我が負ける筈が無い、有るのはただ恐怖だけだ、我は幾百の貌を従える男だ、彼らと我の戦力差は歴然、なるほど、これは夢なんだ、今もほら窓に」

片渕は「黙れ」とばかりにネジを刺した。轍鮒の急を救うファインプレー。もう少しで彼は発狂するところであったのだ。ああ、MADに！　MADに！

高口は申し訳なさそうな表情を見せた。だから、君はやっと彼の顔を覚えることができた。

「出題者より」

TQCでは難易度批判が度々行われます。難問企画で「簡単です」と言って、『当世書生気質』（坪内逍遥作。野口英世が名前を変えるきっかけに。）を出題したときや、中難易度の問題群で『草枕』（夏目漱石作。書き出しが有名らしい。個人的にはグールドの愛読書。）を出題したときは、だいぶ非難されました。難易度なんて個人の主観なんですけどね。まあ、僕も難問を「簡単です」と言って出題されると、かなり文句を言いますが。

「とにかく今は間明の顔面の修復が急務ですね」

片渕が冷静に言う。

「今は敵ですが、《隠者》に助けを求めるしかないでしょう。とにかく倒して仲間にしなければ」

「儂を呼んだかな？」

そこに現れたのは気だるげな顔をした、年齢の読み取れない男。俗世間の汚れが一切感じられない、掴み所のない、不思議な人間だった。

鋼の吃驚館 ヴンダーカンマー

金岡良明

驚異か、さもなくば。

あらゆる怪異を詰め込んだ館「鋼の部屋」の主人。俗世間から離れ、世界の面白いものだけに触れる隠遁生活を送る。今回のネジ異変は「お気に召した」ようで、珍しく表舞台に繰り出そうとしたところ、陽の光に焼かれてとても辛かった。万全のUV対策を施し、いざ出陣！

- 知識【7】
- 早押し【6】
- 正確性【7】
- 発想【4】
- 驚異【10+】
- 謎【10】

第2章・金岡良明

Q1 孔子が2人の門人の子張と子夏を評した『論語』の一節に由来する、やりすぎることはやり足りないことと同じようによくないことであり、何事もほどほどが肝心だという意味のことわざは何?

Q2 ルイ・ブライユが考案し、トーマス・アーミテージが普及させた、目の不自由な人が指先で読む、凸状の点の組み合わせによる記号文字は何?

Q3 公用語が複数あるため、ラテン語の"Confoederatio Helvetica"を正式な国名に制定しており、国名コードも"ch"と表わされる国はどこ?

Q4 14000m²に及ぶ国内最大級の展示面積を誇る、2007年に国内5番目の国立美術館として開館した、東京都港区六本木にある美術館は何?

Q5 能『葵上』で、舞台上に置かれる小袖は誰を表している?

ANSWER

1 過ぎたるは及ばざるがごとし

やりすぎな子張も、物足りない子夏も共に十全ではないと評した。論語由来の言葉は他に、一日の長、一を聞いて十を知る、温故知新、啓発など数多く存在する。なお、出版社の三省堂も、論語の一節「吾日三省吾身（不忠、不信、不習について、日に幾度となく自身を省みるという意味）」が社名の由来。

2 点字

フランスのシャルル・バルビエが軍の暗号として考案した12点点字を盲人用に改良して生まれた。日本では明治時代に用いられ始め、東京盲唖学校教員の石川倉次が現在の日本語の点字に翻案した。点字に対して普通に書かれた文字や印刷された文字を墨字といい、墨字を点字にすることを点訳という。

3 スイス連邦

スイスという呼称は、建国の3原州の一つSchwyz（シュヴィーツ）に由来する。スイスの公用語は、ドイツ語、フランス語、イタリア語、ロマンシュ語の4つで、この順に話者数が多い。先述のラテン語の国名表記は「ヘルヴェティアの連合」という意味で、ヘルヴェティアはスイスに住んでいたケルト部族の名前を指す。

4 国立新美術館

大型企画展と美術団体展のための専用施設であり、館独自のコレクションを一切所蔵していないことが特徴。そのため、英語でも"The National Art Center, Tokyo"と表わされ、ミュージアムという語は入っていない。六本木にある美術館は他に、サントリー美術館や森美術館などがある。

5 葵上

『源氏物語』の「葵の巻」が題材。小袖は、物の怪に憑りつかれ苦しむ葵上（光源氏の正妻）の姿を表す。物の怪の正体を占うと、六条御息所（光源氏の愛人）の生霊が現れ、嫉妬から葵上を責め、姿を消す。横川の小聖が祈祷を行うと、鬼女となって再び現れるが、小聖に祈り伏せられてしまうという内容。

第2章・金岡良明

Q6 承久の乱により、正式な即位礼や大嘗祭も行わないまま在位80日足らずで譲位したため、「九条廃帝」と称される第85代天皇は誰？

Q7 自転車の元祖とされる、1813年にドイツのカール・ドライス男爵が発明した、地面を足で蹴って走る木製の二輪車は何？

Q8 ベンジャミン・フランクリンやナポレオンとも対戦し、勝利している、18世紀にマリア・テレジアの命により、ヴォルフガング・フォン・ケンペレンが製作したチェス指し人形は何？

Q9 ブータンの民族衣装をモチーフにした「泣き装束」を着用する、泣ける話に特化した噺家を何という？

Q10 ダイエットフードを使用すると回復できる、ゲーム『FINAL FANTASY IV』に登場する状態異常は何？

ANSWER

6 仲恭天皇

承久の乱は、1221年に後鳥羽上皇が鎌倉幕府打倒の兵を挙げるも敗れた事件。乱後、後鳥羽・順徳・土御門の三上皇が隠岐・佐渡・土佐に流され、朝廷監視のために六波羅探題が設置されるなど、朝廷に対する幕府の優位が確立した。なお、廃位後に淡路に流された奈良時代の淳仁天皇は淡路廃帝と称される。

7 ドライジーネ

記録によると、時速15kmほどで走れたという。19世紀中頃には、フランスのミショーが、前輪にペダルが付いた自転車(ボーンシェイカー)を発明した。この自転車ではペダル1回転が前輪1回転に相当するので、イギリスのスタンレーは、速く走るため前輪を大きくしたオーディナリーという自転車を考案した。

8 ターク【トルコ人】

実際は中に人間が入って操作を行っていた。エドガー・アラン・ポーは、『メルツェルの将棋差し』でタークの正体について考察しており、これは彼の推理小説の原型とされる。なお、漫画『クロノ・モノクローム』は、18世紀にタイムスリップし、タークの操縦を任された少年犬伏黒六の姿を描いている。

9 泣語家

代表的な泣語家には泣石家芭蕉や泣石家霊照がいる。終盤に泣語家自身が目に涙を浮かべるのが作法で、自身の体験に基づく「体験泣語」と、見聞きした話を元に作る「創作泣語」の2種類がある。泣語は、能動的に泣くことでストレス解消を図る「涙活」の一環として、涙活を提唱した寺井広樹が発案した。

10 豚

ポーキーの魔法を受けることでこの状態になり、グラフィックが豚になる他、ポーキー以外の魔法が使えなくなる。同シリーズに登場する似たような状態異常に、カッパ(沙悟浄の槍、皿などのカッパ装備が本来の高い能力を発揮する)やカエル(攻撃力がなくなる。おとめのキッスで回復)がある。

Q11
19世紀にインディアンの銀細工師シクウォイアによって作成された、全85文字からなる音節文字は何？

Q12
中世にはペストの守護聖人として広く崇拝され、19世紀以降は同性愛の守護聖人にもなった、キリスト教に入信したことで、弓矢で射られる刑を受けたディオクレティアヌス帝の近衛兵は誰？

Q13
清原流、石州流（せきしゅう）、細川流などの流派がある、黒い盆の上に石や砂を配して自然の景観を表した芸術は何？

Q14
円形に並んだ人から、一定の人数ごとに次々と除いていき、最後まで残る人を当てる問題のことを、『ユダヤ戦記』の著者である歴史家から誰の問題という？

Q15
第二次世界大戦中は野菜倉庫として使われため、「ジャガイモの上の救世主」と称された、サンクトペテルブルクの中心部にあるロシア正教の教会で、その名前は、アレクサンドル2世が暗殺された場所に建てられたことにちなむのは何？

ANSWER

11 チェロキー文字

当初は1語につき象形文字を1つ定めていたが、考案した文字が数千に達した時点で親戚に焼き払われ、音節文字を作ることにしたという。チェロキー文字の多くはラテン文字に似ているが、ヨーロッパ語とは発音は異なる。なお、シクウォイアはスギ科の常緑高木セコイアの由来となっている。

12 聖セバスティアヌス

聖セバスチャンとも呼ばれる。ペストにかかると矢が刺さったように見える黒い斑点が全身にできて死に至るが、彼は矢に射抜かれても死ななかったことから、ペストの守護聖人となった。一方で、若くて美しい肉体を持つ姿で描かれたため、同性愛者から愛好され、彼らのシンボルとされるようにもなった。

13 盆石

盆の上に、自然石を置くことで山々を表し、白砂をまき、羽根などで流れや波を描くことで、海や川を表す。推古天皇の時代に百済より献上された石の鑑賞が起源とされ、室町時代、枯山水の庭の設計時に雛形として作られたものが現在の盆石の始まりとされる。なお、盆石を作ることは「盆石を打つ」という。

14 ヨセフスの問題

自決を望む40人の兵士に対し、生き延びたいと思った総司令官が提案した「円形に並んだ兵士を3番目ごとに殺し、最後の1人が自殺する」という方法が起源とされる。この総司令官が『ユダヤ戦記』の著者ヨセフスで、彼とその友人は最後まで残り生き延びた。日本では同様の問題は継子立てという。

15 血の上の救世主教会【スパース・ナ・クラヴィー教会】

正式にはハリストス復活大聖堂という。先述以外にも、ソ連時代は閉鎖される、戦後はオペラ劇場のための倉庫として用いられるなど、散々な扱いを受けていたが、現在は一般に公開されている。建築様式は中世ロシアの伝統的な様式で、内装は当時の一流画家により描かれたモザイク画で覆われている。

第2章・金岡良明

Q16
「森林のクリスタル」と呼ばれる鉛を使わないクリスタルや、天然貴石に似たカラーが特徴的な、その品質の高さから「ガラスの王様」と称されるチェコのガラスメーカーはどこ？

Q17
別名をアケパロイという、頭と首がなく、胸部に目鼻と口がついている、リビアに棲むとされた怪物人種は何？

Q18
精神科医のクライトマンが提唱した、死のうという純粋な欲求に動機づけられていない、死ぬ危険のない自傷行為を何という？

Q19
キャッチコピーは「頼まれなくったって生きてやる」。宇宙に飛び立とうとする謎の巨大生命体オルファンを巡って繰り広げられる戦いを描いた、1998年にWOWOW初の有料アニメとして放送された富野由悠季監督のロボットアニメは何？

Q20
人間に食べられるのを待つだけの生活を嫌った主人公のにわとりが、飛行訓練の末に飛べるようになり、人間からにわとりを解放しようと活動を続けるという内容の、『かもめのジョナサン』のパロディを青島幸男が創作翻訳した小説は何？

ANSWER

16 モーゼル

1857年にルードウィック・モーゼルが、温泉保養地カルロヴィ・ヴァリに設立したガラス装飾工房に始まる。一般的なクリスタルは鉛ガラスを用いているが、モーゼルクリスタルはブナなどの灰を用い、エコロジーでより硬い。モーゼルの他の特徴に、成型から加飾まで全てハンドメイドであることが挙げられる。

17 ブレムミュアエ

プリニウスの『博物誌』に記述があり、マンデヴィルの『東方旅行記』によると、ジャワ島周辺の島々にもいるという。『博物誌』に見られる他の怪物人種には、大きな一本足を持ち、眠る際は足を頭上に掲げて日差しを避けるスキアポデス、犬の頭を持つキュノケファルス、小人のピュグマイオイなどがいる。

18 パラ自殺

薬物の過量服用や手首自傷が例とされる。しかし、将来自殺に終わる自傷行為との区別が難しいほか、解釈が複数存在するため、現在ではあまり用いられない。自傷行為を自殺との関連で解釈する考え方には、自傷行為を弱められた自殺とみなす焦点的自殺（アメリカのカール・メニンガーが提唱）がある。

19 『ブレンパワード』

主人公の伊佐未勇を演じる白鳥哲をはじめ、村田秋乃、朴璐美ら舞台俳優がメインキャラクターの声優に起用されており、彼らの声優デビュー作となった。作中の女性キャラクターが全裸で登場するオープニングや、写真家の荒木経惟による花の写真が流れるエンディングが印象的。

20 『にわとりのジョナサン』

主人公のジョナサンは、最後にはブロイラー育成機に特攻し、天国で釈迦・マホメット・キリストの3人に食べられてしまう。同作者の他のパロディ小説に、『ゴッドファーザー』のパロディ『オッドファーザー』がある。ちなみに、『かもめのジョナサン』は、2014年に第4章を加えた完全版が刊行された。

第２章・金岡良明

Q21 人取橋の戦いの際、後方撹乱などの謀略を行った、伊達政宗が召し抱えたとされる忍者集団は何？

Q22 妹のパストーラもバイラオーラとして活動している、従来のフラメンコにない動きを取り入れた前衛的な作品で知られ、「フラメンコ界のニジンスキー」と称されるバイラオールは誰？

Q23 アメリカの作家ギャリソン・キーラの作品に登場する架空の田舎町に由来する、「人は自分を平均以上だと思う傾向がある」という効果は何？

Q24 主人公の北斗クシャトリアが、カバディ初心者の6人と共にカバディの奇怪なルールに苦戦しながらも奮闘する様を描いた、小野寺浩二のカバディ漫画は何？

Q25 息子のヘンクは鳩専門の獣医である、レーシング・ピジョンの優れた選鳩眼を持ち、多くの長距離強豪鳩舎を育てたオランダの愛鳩家で、鳩レース界において「フライング・ダッチマン」と称されたのは誰？

ANSWER

21 黒脛巾組（くろはばきぐみ）

その名前は、黒い脚絆（きゃはん）を着けていたことに由来する。人取橋の戦いは、1585年に佐竹氏や蘆名（あしな）氏の連合軍3万と伊達軍7千が戦った合戦で、伊達政宗の生涯における最大の激戦ともされる。他の戦国大名が召し抱えた忍者集団としては、北条氏の風魔、上杉謙信の軒猿（のきざる）、尼子氏・毛利氏の鉢屋衆などがある。

22 イスラエル・ガルバン

2000年にカフカの『ラ・メタモルフォシス』を踊った際には、床に這いつくばって虫のような動きを披露し、保守的な観客からは大ブーイングを買った。フラメンコはカンテ（歌）、バイレ（踊り）、トーケ（ギター）の三要素からなり、男性の踊り手をバイラオール、女性の踊り手をバイラオーラという。

23 レイク・ウォビゴン効果

レイク・ウォビゴンという町についての「女性がみな強く、男性はみなハンサムで、子供たちがみな平均以上に成績がいい」という描写にちなむ。犯罪や事故などで「自分だけは危険な目にあわない」と思い込むこともこの効果にあたる。ちなみに、作者のキーラは「現代のマーク・トウェイン」と称される。

24 『カバディ7（セブン）』

玉鋼（たまはがね）高校カバディ部が、マイナースポーツの頂点を決めるカバディ甲子園大会で健闘する様を描く。時々引用される偉人達の名言や、セパタクロー部やフライングディスク部などが各々の持ち味を活かしてカバディをプレイする姿が印象的。カバディ以外にもこれらのマイナースポーツの紹介もされている。

25 ピート・デウェールト

1日に300羽以上の鳥をつかみ、生涯で30万羽以上のレース鳩をつかんだという。彼が鳩を選んで有名となったレースマンは、ドイツのライムント・ヘルメスやベルギーのファンデンブロークなど多く存在する。また、オランダ長距離界の最高峰ヤン・アールデン系にいち早く注目し、普及させた功績もある。

「《6枚を巻き戻し、無に帰れ。東に4歩、南・東に1歩ずつ、南に2歩、最後に東へ》。魔法の呪文じゃよ」
　ネジを締め直された金岡はニコリと笑う。
「顔面を修理できる魔法じゃ」
　そして懐から木工用ボンドを取り出し、
「この呪文で接着剤の性能が2割アップするのじゃ」
　ベタベタと間明の顔面の裏にボンドを塗りつける。
「面の皮が厚くて良かったのお。うまくやってやろう」

「出題者より」

博物館の起源とされる形態に、ジャンルを問わずにとにかく珍しい物を集めて並べた「驚異の部屋」というものがあります。私はクイズを作る際には「驚異の部屋」を理想としており、できるだけ様々なジャンルを出題するようにしています。今回も比較的マイナーなジャンルを中心に広く問題を作ることができたと思います。そろそろ半ばですが、各々の会員の思いが込められた「珍品」の集まりであるこの本を、最後までお楽しみください。

「どれ。対価はちゃんと貰うぞよ」
　金岡は片渕のポケットからヒョイとネジを取り出した。
「これは面妖な。鬼の角じゃろうかの……？」
「四天王の中でも最悪最凶、《悪鬼》のネジが！」
「……それは、果たしてあの男かの」
　金岡は君の背後を指差す。君は背筋を凍らせる。
　指差された男は、机上の木工用ボンドを飲んでいた。
「うぇ！　酒じゃない！　まずい、もう一杯！」

哀愁の絶狂六弦詩人

マイスタージンガー

四天王 伊沢拓司

―俺の叫びを聞け―

TQC四天王の一角にしてTQC第一の武闘派。日頃は哀愁を歌い上げる吟遊詩人だが、勝負となれば話は別。煽りや場外乱闘をも駆使し、過激にクイズを盛り上げる。ピンチと見るや酒を飲み真の姿に変身、悪鬼と見紛う狼藉も厭わないプレイングを披露。今宵の彼は「酒臭い」ぞ！

- 知識【9】
- 早押し【8】
- 正確性【7】
- 発想【10】
- 煽り【10+】
- 場外乱闘【10】

四天王・伊沢拓司

Q1 熱中していた物事への興味が薄れてきた期間のことで、特に男女の関係が停滞している時期をさして使われることが多いのは何？

Q2 アナログ時計の長針と短針は、1日のうち何回重なる？

Q3 英語で「戦術」という意味の名がついた資生堂のコロンで、氣志團の『One Night Carnival』では「風に香る」と歌われているのは何？

Q4 最近ではハナレグミや田島貴男がその歌い手として起用されている、サントリーウイスキーのCMソングは何？

Q5 2014年9月以降の自動車運転免許試験普通四輪の筆記本試験において、表紙の注意書きの最後に「考慮しないものとする」と書かれるようになったものは何？

ANSWER

1 倦怠期

広くはマンネリに陥ることを表すが、特に恋愛をさして使うことが多い。マンネリという言葉は、形式主義を指すマンネリズムの略語である。これに対して、付き合いたてだったり、結婚したばかりの期間を蜜月という。この言葉は、英語のhoneymoon、つまりハネムーンに由来しているとされている。

2 22回

長針は12時間で12周、短針は12時間で1周するので、12時間で12回、1日で24回交わるように思えるが、最後の24時00分に交わるものは含まれないし、12時00分に交わるものを2回カウントしてしまっているので、この2つ分を24から引いて22回となる。

3 Tactics（タクティクス）

1970〜80年代の若者文化における定番コロンの一つであり、氣志團に取り上げられた他には不良漫画『ホットロード』にも登場するなど、ヤンキー文化の代名詞的な存在である。ムースやフェイスクリームなど多種展開されており、現在でもサムライなどと並び定番コロンとなっている。

4 『ウイスキーが、お好きでしょ』

元々は「サントリークレスト12年」のCMのために石川さゆりが歌った楽曲であり、2007年以降同社ウイスキーのCMソングとして使われている。ハナレグミはボーカリスト永積（ながつみ）タカシのソロユニット、田島貴男は『接吻』などの曲で知られるORIGINAL LOVEのボーカル。

5 環状交差点

別名をラウンドアバウトといい、2014年9月1日改正の道路交通法から19箇所で導入された新形式の交差点である。四方から来る車が円形の道を右回りして向かう方向の道路に着いた際左折するという仕組みで信号なしでの往来を可能にしているが、混雑地では機能しないなどの欠点も上げられている。

四天王・伊沢拓司

Q6 「春寒の弥生3月花まだき」という歌詞で始まるさだまさしの曲のタイトルにもなっている、仏教寺院において旧暦2月に行われる法会のことで、特に東大寺ではその本行としてお水取りが行われることで知られるのは何？

Q7 本名を宮沢俊哉という、株式会社アキュラホームの取締役を務める人物で、同社のCMで持っている道具の名前からその通称がついたのは誰？

Q8 ビバリーヒルズに立ち並ぶ高級ブティック街といえばロデオドライブですが、『ふたりの夏物語―NEVER ENDING SUMMER―』などのヒット曲で知られる日本のバンドといえば何？

Q9 第二次大戦直後である1945年7月17日のたった1日だけ、212号室のみがユーゴスラビアに領土として割譲されたことで知られるロンドンのホテルは何？

Q10 SFドラマ『スタートレック』に登場する宇宙人の挨拶に握り方が似ていることからその名がついた、野球で使われるの変化球の一つは何？

ANSWER

6 修二会 (しゅにえ)

仏教における悔過法要の一つであり、日頃の自らの過ちを悔い改めることを目的とする。旧暦2月1日より行うこととなっていたため「二月に修める法会」という言葉から修二会という名前がついた。「お水取り」は観音様にお供えする水を井戸から汲む儀式であり修二会の代名詞となっている。

7 カンナ社長

19歳の時にリフォーム会社都興建設を創業し成功をおさめると、その後新築住宅を手がける株式会社すまいの都(みやこ)を興し、これが後のアキュラホームとなる。ちなみにCMでカンナをかけている理由は、「元大工だから」「匠の心にこだわるから」「ものづくりの本質を伝えたいから」だそうである。

8 オメガトライブ

ビバリーヒルズはロサンゼルスにある高級住宅街で、その中にあるロデオドライブでは4区画約500mに渡って50件ほどのブティックやレストランが連なる。オメガトライブは1980年代に活躍したバンドで、杉山清貴(きよたか)やカルロス・トシキがボーカルを務めた。

9 クラリッジスホテル

ユーゴスラビア王ペダル2世がドイツの侵略を受けて亡命した際ここに長期滞在し、同じ立場だったギリシア王妃とここで結婚し王子を授かった。しかし同国の法律で王位継承権があるのはユーゴ国内で生まれた王子だけとされていたため、チャーチルによって出産日の1日だけユーゴに領土として割譲された。

10 バルカンチェンジ

『スタートレック』に登場するバルカン星人の、中指と薬指を離すジェスチャーに由来する。NPBでは大隣(おおとなり)憲司やセス・グライシンガーの決め球として知られたほか漫画『ストッパー毒島(ぶすじま)』のブスジマチェンジがこの球種であったことから多くの野球ファンに知られるところとなっている。

四天王・伊沢拓司

Q11 日本が直接測量を行えなかったため1922年以来データが更新されていなかったが、衛星「だいち」を用いた測量により標高が63m上方修正された1629mになり、2014年に択捉島の最高峰に改められた山は何?

Q12 例えば動物界最大のゲノムサイズを持つハイギョが原始的な魚であるなど、遺伝情報を含むゲノムの大きさがその生物の複雑さとは関係しないというパラドックスを、一倍体あたりのDNA量を指す用語を使って何という?

Q13 漂着したオデュッセウスと恋に落ちるも、相手の正体がわかったため身を引き吟遊詩人になったと言われる、イリアスの叙事詩『オデュッセイア』に登場する女性で、ある宮﨑駿作品のヒロインの名前が彼女にちなんでいるのは誰?

Q14 史上初めて言語の誕生が観察された事例である、1983年より国が集めた聾の子どもたちが、失敗に終わったスペイン語教育とは別に発展させた、学校コミュニティ内でのみ用いられている独自の手話を、その国の名前から何という?

Q15 1966年にはヴェイユ予想解決への貢献を評価されフィールズ賞を受賞しており、また代数幾何学に「宇宙」の概念を提唱しその一つに名を残すフランス人数学者で、精神的理由で20年以上隠遁しており長らく行方不明だったのは誰?

ANSWER

11 西単冠山 (にしひとかっぷやま)

ロシア名をストカップといい、択捉島南西部の火山群に位置している。領有権の問題で日本が直接測量を行えなかったことから、1922年旧陸軍参謀本部作成の地図をもとに標高が定められていた。それまで択捉島最高峰だった散布山(ちりっぷやま)の標高も、今回の再測量により5m低く改められている。

12 C値パラドックス

その他の事例としては、アメーバのゲノムサイズがヒトのそれより大きいことなどが挙げられる。現在の研究段階では、ヒトDNAにおける必要部分であるエキソンと不要部分であるイントロンの判別が完全にはできていないため、今後もこの謎を解明するのには時間を要すると見られている。

13 ナウシカアー

ナウシカアーはギリシア有数の技術力を誇ったスケリア島の王女で、婚期が近いとのお告げを受けた直後オデュッセウスに出会い恋に落ちる。宮﨑駿監督のアニメ作品『風の谷のナウシカ』の名前の由来である。ナウシカのその他のモデルとしては『堤中納言物語(つつみちゅうなごんものがたり)』の一編『虫愛づる姫君』が挙げられている。

14 ニカラグア手話

ニカラグアの首都マナグアにある聾学校で目撃され、ローレンス・オズボーンにより「言語的ビッグバン」として発表され注目を集めた。ノーム・チョムスキーが唱えていた言語生得説に大きく与するものであり生成言語派の台頭に一役買った事例として重要である。

15 アレクサンドル・グロタンディーク

アナーキストの両親のため第二次大戦中は過酷な体験を重ね、そのトラウマが後生に大きく影響したと述懐している。その言の通り変わった性格で、過去にはネット上の著作を全て抹消するなどした。ピレネー山中で隠遁生活を続けているとされ、長らく生死不明だったが、2014年11月に死去が発表された。

四天王・伊沢拓司

Q16 労働者階級が中心であり荒っぽい応援スタイルでも知られる、アルゼンチンのサッカーチーム「ボカ・ジュニアーズ」のファンのことを、ジェノバからやってきた移民がクラブを興したことから「ジェノバ人」という意味の言葉で何という？

Q17 1997年には交通事故により43歳で他界している、タッピングハーモニクスや右手ハンマリングなどの技法を初めて用いてアコースティックソロギターの分野を創始し、押尾コータローなどに影響を与えたアメリカのギタリストは誰？

Q18 中性子反射によるその崩壊熱はリチャード・ファインマンに「放射能の暖かみ」と称された重さ6.2kgのプルトニウム球で、1945年、46年と実験中に手を滑らせた科学者の命を2度奪ったためその不吉な名が付けられたのは何？

Q19 シングル『Baby baby baby』で1996年にデビューするも一年で消滅した小室哲哉プロデュースの3人組で、メンバーの1人であるkabaが後にお姉キャラKaba.ちゃんとしてブレイクすることになるのは何？

Q20 第一次大戦でドイツ軍がフランスに対して使用し、同大戦を通して用いられた火砲の中では最大であった長さ約30mの列車砲のことを、砲撃目標とした町の名前から何という？

ANSWER

16 ロス・セネイセス

本拠地にかつて馬糞からレンガを作る工場があったため、ライバルチームのファンからは糞の回収者という意味の「ロス・ボステロス」と呼ばれる。ボカ・ジュニアーズはマラドーナらが輩出した名門であり、ライバルのリーベルプレートとの一戦はスーペルクラシコと呼ばれ国内の一大イベントとなっている。

17 マイケル・ヘッジス

日本では映画『植村直己物語』のテーマソングを手がけたことで知られており、多くの超絶技巧を開発した。ソロギターとはアコースティックギターによるインストゥルメンタルを指し、押尾コータローやペッテリ・サリオラの影響で注目されている分野で、超絶技巧の多用を特徴とする。

18 デーモンコア

1945年には中性子反射体ブロックを落としてしまったことによりハリー・ダリアンが、1946年には手が滑ったことによりルイス・スローティンがこの球で臨界を起こし、放射線障害で死亡した。後にビキニ環礁で行われたクロスロード作戦において核爆弾エイブルに使用され爆発消滅した。

19 dos
（ディー・オー・エス）

dance of soundの略。小室がメンバーの1人であり、後に妻とするasamiと新たなプロジェクトを立ち上げたことにより、わずか1年で自然消滅した。アメリカのR&BグループTLCを強く意識して結成されており、PVや楽曲タイトルなど随所にオマージュが見られる。

20 パリ砲

別名カイザーヴィルヘルム砲。実戦使用された際にはコリオリ力を考慮しておらず目標地点から着弾地点が1km以上ずれてしまっていた。列車砲とは、鉄道レール上を走ることができるようにしたことにより大型化に成功した火砲を指し、2度の世界大戦では投入されているがその後は日の目を見ていない。

四天王・伊沢拓司

Q21
エベレスト北東ルートを使った登山では必ず通ることになる、数々の登山者の遺体がそのままの状態で放置されているゾーンのことを、遺体たちがまとっている衣服が織り成す景色を例えて何という？

Q22
成長初期の海苔が一夜にして殆ど流出するという大規模な被害を生みながら、原因が長年不明であった海苔の病害で、2014年に福岡県水産海洋技術センターにより、その原因がただ単にカモに食べられただけだったことが判明したのは何？

Q23
風営法によるクラブの深夜営業規制に対するアンチテーゼとして2012年に沖縄のバンド「おそるべき」が考案した、うどんを踏みながら音楽に乗って体を揺らすというスタイルが話題を呼んでいるクラブイベントは何？

Q24
その美しい円錐形から讃岐富士の別名で呼び讃えられる標高422mの山で、さぬきうどんチェーン「丸亀製麺」の壁に西行の和歌と共にその写真がプリントされているのは何？

Q25
1997年にハタナイアツシa.k.a.総裁を中心に結成されたヒップホップグループで、博多弁を織り交ぜたローカルな話題や、ハタナイ総裁の友人である一般人・マキトヨヒコ氏に関する過激なリリックで有名なのは何？

ANSWER

21 虹色の谷

その形成原因には、登頂者の多くを占める西欧人が土葬文化圏の人間であることや、入山にかかる費用が高額であり自らの登頂以外の目的で立ち入るものが少ないことなどが挙げられる。ゾーンの入口には、グリーンブーツの呼称で知られるインド人登山家ツワング・バルジャーの遺体があり目印となっている。

22 バリカン症

海苔の先がバリカンで刈ったかのように一気に無くなることから、三重県水産研究所が昭和40年代末に命名した。長年原因が判明しなかった理由の一つに、カモの警戒心が強く人目のある際に海苔を食べようとしなかったことが挙げられている。現在は爆竹でカモを追い払うなどの対策が行われている。

23 『テクノうどん』

第2回までは浅草橋天才算数塾で、第3回からは青山CAYで開催され、フロアーに青いビニールシートが敷かれるシュールな光景が広がった。エントランスでうどん粉と袋を受け取った上でそれを音楽に合わせて踏み、適度なタイミングでエントランスに持って行くとその場でうどんに調理してくれる。

24 飯野山

飯野山は中腹より高い部分が硬い岩質であるサヌカイトで構成されているため風化に強く、周囲が風化されて残ったビュート地形である。そのためきれいな円錐形の山体が残り、富士山になぞらえられるようになった。西行の和歌は「讃岐にはこれをば富士といひの山朝げ煙たたぬ日はなし」。

25 TOJIN BATTLE ROYAL

その名前は福岡市中央区の地名・唐人町(とうじんまち)に由来している。サンプリングのみで作られたイナタいビートに乗せてほとんどの楽曲でマキトヨヒコ氏に対してのディス（ののしり）が行われており、その他にも芸能タブーや不謹慎ネタを折り込んだ無秩序かつ韻をしっかり踏むリリックでカルトな人気を博している。

「最終形態【鰭を持つ獅子《マーライオン》】に変貌せねばならないのか……！」
　アルコールにネジは効かなかった。伊沢はベロンベロンに酔いながら、適当なことを言い散らかす。
「泪が止まらないぜ！　酒と泪と俺とお前と大五郎！うおォン、俺はまるで人間水力発電所だ」
　放言を重ねながら、次々と盃を空にしていく。
「ああ……焼き鳥がおいしい。小鳥になりたい。もしくは鈴」

「出題者より」

　……見事。日常に潜む見逃しがちな、しかしながら密かに輝いている何かを歌い上げたつもりだったが、真に輝けるものにとっては造作もない智識であったということだな……。しかし、ここから先は人の挑む道ではない。謳うものを相手に勝利を収めたお前たちでも、謳われてきたものたちを前に手も足も出ぬ筈だ。それでも行くというのなら、止めはしないがな。お前達の敗北譚を肴に、また挽歌を奏でることになるだろうが……。

　翼を授かったトラの子をトラ箱という虎穴に戻しに行かねばならない。全員の溜息がシンクロした。
　すごい一体感を感じる。今までにない何か熱い一体感を。皆が今同じことを思ってる。誰か助けて、と。
「誰が伊沢を介抱するか、じゃんけんで決めましょう」
　そう言いながら片渕は君の掌にボンドを塗る。
「もちろん、《最初はグー》ですよ」
　OK、最初はグー！　君の右フックは華麗に決まった！

S T O R Y

「ネジの外れた会員の数は僕含め17人。我々はそのうち11人を既に倒しました」

頬をさすりながら、片渕が懇切丁寧に状況確認する。

「残りは6人。気合入れていきましょう、と言いたいところですが」

次の言葉を口にするのを躊躇っている様子である。

「残りのメンバーはいずれも《能力者》……。彼が口籠るのも無理はありません」

助け舟を出したのは弁士・西川。

「今日日漫画でしか見ないような異能を携えた会員たちじゃよ」

自分が呪文を唱えたことなど棚に上げる隠者・金岡。

「……恐ろしく攻撃的な面々も存在する、気をつけたまえ」

同じ轍を踏みぬきながら言う、仮面・高口。

「しっぽ♪　しっぽ♪」

そして、しっぽ・間明。

ついに始まる異能持ちとの決戦。

始まった《パワーインフレ》は、もう止められない！

そして君のもとに、新たな1人の刺客が放たれた。

「世界を救うならば、まずは日本（ジャパン）最強の僕を倒してからですね」

↓107ページの答え

	6
	1682
+	8687
	10375

第3章
《人外魔境》

不可能を実現させる男

鈴木淳之介

知識【9】
早押し【10】
正確性【6】
発想【6】
怒り【10】
向上心【10+】

俺が日本(ジャパン)最強の男だ!!!

誰よりも強さを欲し、血の滲むような努力を重ね、あらゆる限界を超越した男。クイズでの勝利のみを考え、1日に60時間をその修行に費やす。数々の不可能を蹴散らした彼にとって、1対1のクイズ対決で勝つなどというただ「実現可能」なことは児戯に等しい。

第3章・鈴木淳之介

Q1 物質の光物性の変化の中でも、特に溶媒の違いによってその色が変化するもののことを「何クロミズム」という?

Q2 イタリアの神経学者リゾラッティによって発見された、自ら行動するときと、他の個体が行動するのを見ているときの両方で活動電位を発生させる神経細胞のことを何という?

Q3 2008年1月に発売された東方神起のシングル曲で、日本を除くアジアのグループ歌手として史上初めてオリコンウィークリーチャート1位を獲得したのは何?

Q4 口癖は「なんとかなるさ」。「そよかぜステップ」などの必殺技を使いこなす、『イナズマイレブンGO』シリーズの主人公である少年は誰?

Q5 それが何の木を指すのかは未だに解明されていない、『旧約聖書』においてノアの方舟の材料となった木のことを何という?

ANSWER

1 ソルバトクロミズム

物質の色や蛍光などの光物性が、外部からの刺激によって可逆的に変化する現象をクロミズムという。クロミズムの種類にはソルバトクロミズムの他にも、温度変化によって色が変わるサーモクロミズム、光により色が変わるフォトクロミズム、電気により色が変わるエレクトロクロミズムなどがある。

2 ミラーニューロン

これが働くことにより、他人が何かしているのを見たとき、自らの脳内でもそれと同じ体験ができることになる。それにより人は他人の心を推測できると言われている。自閉症やアスペルガー症候群の人は、このミラーニューロンの機能不全により対人関係に問題が出ていると考えられている。

3 『Purple Line』

スズキ「シボレー・MW」のCMソングに起用された。当時の東方神起は5人組であったが、2009年に当時メンバーであったジェジュン、ユチョン、ジュンスが所属事務所に裁判を起こした結果分裂。後に2011年にユンホとチャンミンの2人体制で復活し、現在に至っている。

4 松風天馬

小さいころに沖縄にいた際、前作『イナズマイレブン』に登場したストライカー・豪炎寺修也によって命の危機を救われ、サッカーを始めることとなる。『イナズマイレブンGO』シリーズに登場するその他の代表的な選手には、天才的なゲームメーカーの神童拓人や、ストライカーの剣城京介などがいる。

5 ゴフェル

一般的な聖書では"cypress"（糸杉の木）と訳されることが多いが、そのまま「ゴフェルの木」と訳されることもある。ノアの方舟は「長さ300キュビト、幅50キュビト、高さ30キュビト」であり、40日40夜に及ぶ洪水の中を漂流し、最後にはアララト山にたどり着いた。

Q6
世界初の駆動方式を取るミニケーブルカー「もーりすカー」も運行する、札幌市の観光名所として名高い標高531mの山の名前は何？

Q7
卓球で、サーブを打つときに行うトスでは、手からボールを何cm以上上げなければならない？

Q8
囲碁において、シチョウをかけられた際にその石が逃げる方向へ待ち伏せするように打つことにより、シチョウを阻止する手、またはそのような状況のことを何という？

Q9
単位の「デシメートル」「デシリットル」「デシグラム」を漢字で書いたとき、日本で作られた漢字である「国字」ではない唯一のものは何？

Q10
フィンランド・ラッピ県の県庁所在地で、アミューズメントパーク「サンタクロース村」があることで有名なのはどこ？

ANSWER

6 藻岩山（もいわやま）

アイヌ語では「いつもそこに上がって見張りをする所」という意味の「インカルシペ」と呼ばれる。もーりすかーは斜面に沿ったロープでキャビンを引き上げる駆動方式を取り、これにより風雨の影響を受けない。山頂からの夜景は函館市の函館山、小樽市の天狗山と共に「北海道三大夜景」と並び称される。

7 16cm

この高さまで上げなければ相手の得点となる。高く上げるサーブは、福原愛らが得意とする「王子サーブ」が特に有名である。これは、スウェーデンの卓球選手ステラン・ベンクソンのしゃがみこみサーブを元に作馬六郎（さくまろくろう）が考案し、自らが経営する「王子卓球センター」からその名をつけたものである。

8 シチョウアタリ

シチョウは、ある石をアタリの連続で追い詰めて取るという囲碁の基本手筋であり、「シチョウ知らずに碁を打つな」とも言われる。しかし、シチョウアタリがある場合には、これが取られそうな石とつながるため、石を取ることができなくなる。これも基本手筋の一つであり、定石選びにも関わってくる。

9 デシメートル

「デシ」は「10分の1」を指すSI接頭辞であり、漢字の「分」で表される。「メートル」「リットル」「グラム」はそれぞれ漢字で「米」「立」「瓦」と表記する。よって、それぞれの単位を漢字で書くと「粉」「朸」「瓪」となり、「こな」「フン」などとも読む「粉」が唯一国字ではなくなる。

10 ロヴァニエミ

ラップランドの中心地にあたる。この町にあるマクドナルドは、かつて世界最北を謳っていたが、2013年7月にムルマンスク店が開業し、その座を奪われている。ちなみに、サンタクロースはこの地から少し離れた、ラップランド東部にあたるコルヴァトゥントゥリという山に住んでいるとされている。

Q11
山口県下関市にある料亭で、1895年には日清戦争の講和会議である下関講和会議が開かれたのは何？

Q12
県都をパンテ・マカッサルに置く、インドネシアの東ヌサ・トゥンガラ州西ティモールに囲まれた、東ティモール民主共和国の飛び地である県はどこ？

Q13
定義より、ワジではこの値は無限大となる、ある河川における1年間の最大流量と最小流量の比のことを漢字4文字で何という？

Q14
1936年、台北帝国大学の教授を務めていた際、タイワンヒノキからヒノキチオールを発見した日本の有機化学者は誰？

Q15
英語では"bookmark"という、本をどこまで読んだかの目印とするための紙などのことを何という？

11 春帆楼（しゅんぱんろう）

日本の初代首相として知られる伊藤博文がこの料亭を愛し、明治21年にここで食したフグに感銘を受けたことから、彼によって解禁されたフグ料理の公許第一号店にもなった。ちなみに、下関では「福に通じる」というところから、フグのことを「ふく」と呼び、南風泊市場（はえどまりいちば）などがよく知られている。

12 オエクシ=アンベノ

一般には単に「オクシ」「オエクシ」などと呼ばれる。東ティモール民主共和国はティモール島の東半分を占める、首都をディリに置く国。2002年に独立し、21世紀初の独立国となった。他の世界の飛び地には、ポーランドとリトアニアに挟まれたロシアの飛び地であるカリーニングラードなどがある。

13 河況係数（かきょう）

河状係数とも。ワジとは砂漠地帯にできる、雨季の一時的な豪雨のときのみに水が流れる涸れ川を示すアラビア語。普段は水が流れないため、最小流量は0であり、それゆえこの値は無限大になる。日本は山がちな島国であり、雨量も多いため、諸外国の河川に比べてこの値は大きい傾向にある。

14 野副鉄男（のぞえてつお）

ヒノキチオールはヒノキに含まれる芳香族（ほうこうぞく）化合物の一種。七角形の不飽和炭素環に酸素・水酸基・イソプロピル基が配された構造を取り、これは史上初めて発見された7員環化合物でもある。似た業績を残した日本人化学者に、ウルシの主成分であるウルシオールの構造決定・合成を行った真島利行（まじまりこう）がいる。

15 栞（しおり）

山道などを歩く際、道に迷わないように木の枝などを折って道しるべとしたところから「枝折り」という言葉が転じてこのようになったとされる。ちなみに、本のページを折って栞代わりとすることを英語で「ドッグイヤー」といい、本の背表紙についている「栞紐（しおりひも）」のことを「スピン」という。

第3章・鈴木淳之介

Q16
ユダヤの口伝律法である「ミシュナ」と、その解説である「ゲマラ」の2部からなる、ユダヤ教において旧約聖書に次ぐ聖典とされる書物は何？

Q17
2003年の東大理系数学の第6問において「これが3.05より大きいことを証明せよ」という問題が出題されて話題を呼んだ、円の周りの長さをその直径で割った値を何という？

Q18
幕末に活躍した軍艦である「咸臨丸」の最後の艦長を務めた人物で、現在の気象庁の前身である中央気象台の第2代台長を務めたのは誰？

Q19
織田家における万松寺や、徳川家における寛永寺・増上寺のように、先祖代々の墓をおき、葬式や法事を行う寺を何という？

Q20
全ての人間が仮面をつけることを義務化された世界において、主人公の「ぼく」がそれに疑問を抱きながら生活するという内容の、『火星の砂時計』に収められた、すやまたけしの短編は何？

ANSWER

16 『タルムード』

ヘブライ語で「研究」や「教訓」といった意味がある。当初「タルムード」と呼ばれたのはゲマラの方であるが、後に全体を合わせてそう呼ばれるようになった。ミシュナはさらに「ゼライーム」「モエード」「ナシーム」「ネズィキーン」「コダシーム」「トホロート」の6部に分けられる。

17 円周率

出題された当時、円周率を3として教えるか3.14として教えるかがちょうど話題となっていたため、この出題が一大センセーションとなった。円周率は別名を「ルドルフの数」というが、これは円周率の正確な値の計算に尽力したドイツの数学者ルドルフ・ファン・コイレンの業績に由来する。

18 小林一知

戊辰戦争では中央気象台の初代台長である荒井郁之助らと行動を共にした。その他の中央気象台台長には、「台風」という言葉を命名した岡田武松、熱帯低気圧の相互作用による「藤原の効果」にその名を残す藤原咲平、深発地震面の「和達-ベニオフ帯」にその名を残す和達清夫らがいる。

19 菩提寺

織田家の菩提寺である万松寺では、信長が父・信秀の葬儀の際にその位牌に抹香を投げつけるという珍事件が起こり、信長が「うつけ者」と言われる由来の一つともなった。徳川家の菩提寺である増上寺は東京タワーのそばにあり、都営地下鉄の駅である「大門駅」の名の由来である門が存在する。

20 『素顔同盟』

教育出版による中学国語の教科書にも掲載された。物語は、仮面に反対する女の子がその仮面を捨て、それが川に浮いているのを見たことで、「ぼく」がその川の上流に向かっていくというところで終わっており、その続きを考えさせることが授業の一環として行われているところもある。

Q21 韓国のお菓子・ホットクの「ク」の部分が代表例である、日本語では「終声」といい、ハングルにおいて「子音+母音」のさらに下に表記される第3の子音のことを何という?

Q22 聖徳太子が小野妹子を遣隋使として送った際、その返礼使として日本に派遣された隋の使者は誰?

Q23 学名を*Cryptopsaras couesii*という、メスがオスよりも極端に大きく、生殖の際はオスがメスの体に噛み付いて寄生するという魚で、16文字と最も長い標準和名を有するのは何?

Q24 これが十進正規数であることを証明した2人の人物の名がつけられた、0と小数点のあとに素数を1から小さい順に並べた定数のことを何という?

Q25 本名をファン・ディン・カイというベトナムの政治家で、1973年のノーベル平和賞を受賞するもこれを辞退し、ノーベル平和賞唯一の辞退者となったのは誰?

ANSWER

21 パッチム

ホットクをハングル表記すると「호떡」となり、この2文字目の下の部分の「ㄱ」がパッチムにあたる。ハングルは主に左側で子音を、右側で母音を示す表音文字であり、パッチムはそれに付随する音を示すものである。ハングルは李氏朝鮮の第4代国王・世宗が「訓民正音」の名で公布した。

22 裴世清(はいせいせい)

聖徳太子が607年に小野妹子を遣隋使として送った際、「日出ずる処の天子…」で始まる国書を携えさせた。この内容に対し、当時の隋の皇帝・煬帝(ようだい)は憤慨したものの、結局裴世清らを隋の使者として日本へ送らせた。後に裴世清は、再び遣隋使となる小野妹子らと共に隋に帰国することとなった。

23 ミツクリエナガチョウチンアンコウ

これに見られるような、極端に小さなオスを矮雄(わいゆう)という。標準和名に現れる「ミツクリ」とは、東京大学三崎臨海実験所の初代所長を務めた箕作佳吉(みつくりかきち)にちなんでいる。これと同様に、ヒレナガチョウチンアンコウ科の魚「ケナシヒレナガチョウチンアンコウ」も、同じく16文字と最も長い標準和名を持つ。

24 コープランド=エルデシュ定数

アーサー・コープランドとポール・エルデシュにちなんで名づけられた。似た名前の「エルデシュ数」は、共著論文による結び付きにおいてエルデシュとどれだけ近いかを示す数であり、エルデシュと共著論文を発表したことがある者は1、エルデシュ数nの者と共著論文を発表した者はn+1となる。

25 レ・ドゥク・ト

ベトナム戦争の和平交渉に尽力し、アメリカのヘンリー・キッシンジャーと共にノーベル平和賞を受けた。しかし、レは未だ自国に平和が訪れていないとしてこれを辞退している。他のノーベル賞辞退者には、フランスの哲学者ジャン=ポール・サルトル(1964年・文学賞)などがいる。

「そんな……！　1日60時間《精神と時の部室》に篭って特訓したというのに！　何が足りないんだ！」
　頭を抱え込んだ鈴木に片渕が近づき、耳元で囁いた。
「貴方は《頑張りすぎ》なんです……。鈴木くん、右手の親指を見せてごらん」
　果たして彼の指はボロボロであった。指紋は摩擦で消え、表皮はゴワゴワになり、爪が砕けている！
「早押しボタンの押しすぎです……もう休んで！」

「出題者より」

　クイズに強くなるためには、「座学」は避けて通れない道。そんな道をかつて私も通ってきました。確かに自身も頭のネジが外れたゆえ、この問題群にはふざけた趣味問も多いですが、そんな中でも「座学」に相応しい問題群をそれ以上に多く集めたつもりです。ここで敗北したとはいえ、今まで不可能を可能にしてきた身。私が日本（ジャパン）最強をそう簡単に諦めるわけはないですが、ただ、今だけはあなたに最強への夢を託します。

「嫌だ！　俺はまだまだ努力する！」
　騒ぐ鈴木、その首の後ろに突如手刀が直撃！　鈴木はもんどり打って錐揉み飛行、地面に激突し昏睡した！
「これも《護る》ためだ。すまない。だが、これ以上無理な努力を重ねれば身を壊す。見過ごせない」
　マントを翻しながら、よく訓練された手刀を披露した人物はこちらに向かってくる。
「I'm at Her Majesty's pleasure.」

王国の民

櫻井雄介

姫のためなら、今日も言いましょう

姫を護る任務を忠実に果たす某国の騎士。天恵として授かった不老不死の能力を駆使し、若々しくも熟練したクイズを出題する。「護る」ことを使命としているため積極的には戦わないが、一度本気を出せばその実力は本物。負けられない理由を持つ人間ほど強いものはないのだ。

- 知識【7】
- 早押し【5】
- 正確性【6】
- 発想【8】
- いたずらゴコロ【10+】
- 不運【7】

第3章・櫻井雄介

Q1 主な出演作に『魔法少女リリカルなのは』(高町なのは役)、『ひぐらしのなく頃に』(古手梨花役)などがある、「ゆかりん」の愛称で知られる女性声優は誰?

Q2 有馬三恵子が作詞、筒美京平が作曲を担当した、1970年代に活躍したアイドル・南沙織のデビュー曲は何?

Q3 原題は *The Book Of Bunny Suicides*。イギリスの漫画家アンディ・ライリーが2003年に発表した、様々な方法で死のうとする数多くのうさぎを描いている絵本は何?

Q4 現在はロシアのプーシキン美術館に所蔵されている、青のドレスに身を包み、左手に軽く頬を寄せた女優の姿を描いた、フランスの画家ルノワールが1877年に制作した肖像画は何?

Q5 1904年にイギリスの言語学者オニオンズが『高等英文法』の中で述べた「述部の5形式」を起源とするのが定説となっている、日本で英文法を教授するのに広く用いられている、動詞による文型分類は何?

ANSWER

1 田村ゆかり

歌手としては25枚のシングルと10枚のオリジナルアルバムを発表している（2014年現在）他、2014年3月には日本武道館公演を成功させるなどライブ活動も積極的に行っている。ちなみに、彼女のファンは「王国民」と呼ばれ、その統率のとれた掛け声や動きは「よく訓練された」と称賛される。

2 『17才』

南沙織はデビュー前に、自分が歌える曲としてアメリカのカントリー歌手リン・アンダーソンの『ローズガーデン』を挙げたため、『17才』はこの曲をベースとして作曲されている。他に「17才」がテーマとなったアイドルの楽曲には桜田淳子の『十七の夏』、河合奈保子の『17才』などがある。

3 『自殺うさぎの本』

自殺方法には「ボブスレーのコース上に鎮座する」「手榴弾のついたブーメランを投げる」「ノアの方舟に乗らない」など、まわりくどくブラックユーモアに溢れたものが多い。日本語版の続編として、『またまた自殺うさぎの本―まだまだ死にたいうさぎたち』『たぶん最期の自殺うさぎの本』がある。

4 『ジャンヌ・サマリーの肖像』

像主のジャンヌは、フランスの国立劇団コメディ=フランセーズで人気を博した若手女優。夢を見ているようなうっとりとした表情は、ピンクを基調とした背景と合わさって彼女の愛らしさを存分に引き立てており、「ルノワールの印象主義的肖像の中で最も美しい」という評価を獲得している。

5 五文型

アメリカ合衆国やイギリスなどの英語圏では文法学者が知っている程度で、一般的な認知度は極めて低い。五文型は英語の基本的な性質を捉えることができるという利点がある一方で、必ずしも意味と文型が一致しないといった問題点も指摘されており、七文型や九文型など修正の提案がなされている。

第3章・櫻井雄介

Q6 崎陽軒が販売する「シウマイ」の箱の中に入っている、様々な表情が描かれた醤油入れを何という？

Q7 後にビートルズやカーペンターズによってカヴァーされた、アメリカの音楽グループ・マーヴェレッツが1961年に発表した曲は何？

Q8 五部浄、沙羯羅、鳩槃荼、乾闥婆、阿修羅、迦楼羅、緊那羅、畢婆迦羅の8体からなる、興福寺の国宝館に安置されている仏像は何？

Q9 この曲の自筆原稿はユネスコの世界記憶遺産となっている、1824年にウィーンのケルントナートーア劇場で初演されたベートーヴェンの楽曲で、日本では年末に演奏されるのが恒例行事になっているのは何？

Q10 毎年9月25日に「10円カレーチャリティセール」を行っていることで有名な、1903年に日比谷公園の開園と同時にオープンした老舗レストランは何？

6 ひょうちゃん

戦後より醤油入れには何も描かれていない白い磁器が用いられていたが、昭和30年に漫画家の横山隆一が表情をつけ、「ひょうちゃん」と命名した。かつては『オサムグッズ』の原田治による2代目ひょうちゃん、『アンクルトリス』の柳原良平による100周年記念ひょうちゃんなどが存在した。

7 *Please Mr. Postman*

ボーイフレンドからの手紙を待つ女性の恋心が歌われているが、ビートルズ版では「ボーイフレンド」が「ガールフレンド」に置き換わっているなど、視点が男性側に変更されている。マーヴェレッツが所属していたモータウンは当時設立まもなかったが、この曲のヒットはレーベルの成長に大きく寄与した。

8 『乾漆八部衆立像』

かつては734年に創建された興福寺西金堂に安置されていた。土原型の上に麻布を張り重ねてから土を抜きとり、漆に木粉などを混ぜた木屎漆で表面を整形する「乾漆造」という技法で作られている。八部衆とは仏法を守護する8種類の精霊的な神々のことで、元々は古代インドで信仰されていた。

9 『交響曲第9番（ニ短調作品125）』

日本では、1918年に徳島県鳴門市に設置された坂東俘虜収容所で初演された。最終楽章で用いられている『歓喜の歌』は、ドイツの詩人シラーの頌詩『歓喜に寄す』がテキストとなっており、これは「自由と平和への讃歌」であるとして、1985年の欧州理事会でEUの歌として承認された。

10 日比谷松本楼

中国革命の指導者・孫文は滞日中しばしばここを訪れており、現在ロビーには孫文夫人・宋慶齢のピアノが展示されている。「10円カレーチャリティセール」は、1971年に沖縄返還協定に反対する過激派により全焼してしまった松本楼が、2年後に再建された際の記念行事としてスタートしたものである。

Q11 周辺一帯を磐梯朝日国立公園の朝日連峰と月山に囲まれる、山形県中央部の最上川支流に建設された多目的ダムで、ダム湖の月山湖にある「大噴水」で知られるのは何？

Q12 日本海軍が太平洋戦争中に開発した1人乗りの特攻機で、連合国軍からは「馬鹿」というコードネームで呼ばれたのは何？

Q13 ペルシア語で「隊商宿」を意味する「カールバーンサラーユ」という言葉に由来する、主に内陸アジアの砂漠や草原地帯を通行する商人隊のため13世紀以降盛んに建設された、主要街道沿いの宿泊施設を何という？

Q14 1875年に京都木屋町で創業した総合精密機器メーカーで、2002年にノーベル化学賞を受賞した田中耕一が当時勤めていたことで知られるのは何？

Q15 1991年から2006年までニューヨーク・ヤンキースの生え抜きとして活躍したプエルトリコ出身のメジャーリーガーで、ポストシーズンでの80打点はギネス記録に認定されているのは誰？

ANSWER

11 寒河江ダム

寒河江ダムは、高さが「112m」、ダム建設による移転戸数が「112戸」、ダムの横を通る国道が「112号」、大噴水の噴射高が「112m」、完成が平成2年「11月2日」と、何故か112と深い縁がある。ダムを訪れると、ホンドオコジョをモチーフにしたマスコットキャラクター「かんぺい」が迎えてくれる。

12 桜花

実用化された一一型の最大時速は650kmで、積載した1.2tの爆薬とあわせて高い破壊力が期待された。しかし、航続距離は短いため敵艦隊近くまで運ぶ必要があり、飛び立つより前に撃墜されてしまうケースも多かった。「馬鹿」のコードネームは、本機が多くの犠牲を生んだことに由来している。

13 キャラヴァンサライ

目的地に行く途中の隊商が宿泊するタイプと、終着点として商品の卸売りも行われるタイプがある。前者は街道で孤立するため、堅固な周壁や1つだけの入口など、防御面が重視された。現存するものでは、1236年にトルコのカイセリ近郊で建造されたものが大規模で保存状態も良く、観光地となっている。

14 島津製作所

英語では"SHIMADZU CORPORATION"と表記される。「づ」が"dzu"であるのは最も欧米語に馴染みやすい「標準式ローマ字綴り」を採用しているため。日本で初めて医療用X線装置や気体分離装置のガスクロマトグラフを開発した功績がある他、意外な所では日本で最初にマネキンの生産を行っている。

15 バーニー・ウィリアムズ

背番号は51であり、2012年にヤンキースへ移籍したイチローは、彼に敬意を払ってこの番号を辞退した。ミュージシャンとしての顔も持ち、リリースした2枚のアルバム *The Journey Within* と *Moving Forward* は、いずれもビルボードのコンテンポラリージャズ部門で上位にチャートインしている。

第3章・櫻井雄介

Q16 東ヨーロッパやイスラエルでの紛争の経験をもとにイミ・リヒテンフェルトが創始した、「阻止」「回避」「逃亡」といった身を守ることに重点を置くイスラエル防衛軍の公式格闘術は何？

Q17 日本語では「精神腫瘍学」という、癌と精神状態との関係や、癌患者に対する心理面でのケアなどを取り扱う学問は何？

Q18 3.2mの大きな外球と1.8mの内球で構成される巨大なボールに入って斜面を転がる、ニュージーランド発祥のアトラクションスポーツは何？

Q19 毎年9月にフランス・ボルドーで開催される、収穫を間近に迎えた葡萄畑の中を走るフルマラソンで、給水所ではワインやハム、ステーキなどが振る舞われるという特徴があるのは何？

Q20 英語では"deathwatch"という、乾燥した植物質や建材を食べるため害虫と見なされている昆虫で、「タバコ」「フルホン」などの種類がいるのは何？

ANSWER

16 クラヴ・マガ【Krav Maga】

クラヴ・マガはヘブライ語で「接近戦」という意味。相手がナイフや拳銃などの凶器を保持しているケースも想定するなど、徹底的に実戦を意識している。映画では『ボーン・スプレマシー』でマット・デイモンが、『トゥーム・レイダー』でアンジェリーナ・ジョリーがこれを駆使しているのを確認できる。

17 サイコオンコロジー

精神的に落ち込んでいる癌患者は病状が悪化し、早期に亡くなってしまう場合が多いことから、肉体的治療と同時に精神的なケアにも重点をおくサイコオンコロジーが生まれた。患者の精神を安定させ免疫力を強化することで再発予防や延命を実現し、癌患者のQOLを高める効果が期待されている。

18 ゾーブ【ZORB】

ZORBの名前は、ニュージーランドの「ジーランド」の頭文字"Z"と球体を意味する"orb"を組み合わせたもの。内臓に水を入れた"ZYDRO(ザイドロ)"やハーネスで体を固定する"ZORBIT(ゾービット)"といった派生型もある。また、ニュージーランドのオークランドにある動物園では、象の遊び道具として採用されてもいる。

19 メドックマラソン

ランナーの9割以上は派手な仮装でマラソンに臨み、沿道では応援団が陽気な音楽を奏でるなど、参加者が楽しむことを主眼に置いている。とはいえ、走路は細かいアップダウンが多い上に未舗装の場所もあり、意外にハードなコースである。完走すると、メダルやTシャツ、ワインなどの記念品が贈呈される。

20 シバンムシ

食材性のシバンムシは「コチコチ」という音を出し、イギリスではこれを死を告げる時計と見なして"deathwatch"と称した。「シバンムシ」の名は、"watch"の部分を「(見張りの)番」と誤訳したことに由来している。紙や植物標本を食害するため、図書館や博物館では特に忌み嫌われている。

Q21
2000年にマサチューセッツ工科大学の院生が作ったジョークサイトに登場した、子猫の段階からガラス容器に閉じ込めることで、容器にあわせてユニークに変形させた猫は何？

Q22
創設日である2月22日と中秋の名月の日の年2回、「有多毛」と題した例会が開かれる、「ハゲ頭を集めて暗い世の中を明るく照らそう」という理念の下、1989年に青森県鶴田町で結成された団体は何？

Q23
1814年に刊行された『喜能会之故真通』の挿絵の一つである、大小2匹の蛸に絡みつかれた海女の姿を描いた、葛飾北斎による春画は何？

Q24
トロイア戦争に参加したギリシア方の将士の中で最もブサイクで臆病であったという、不平の煽動を事としていたギリシア神話に登場する人物は誰？

Q25
死を目前にした少女とアンドロイドの会話を通して、人間らしさとは何か、人間の生死とは何か、という疑問を投げかける、劇作家の平田オリザとロボット工学者の石黒浩による演劇は何？

ANSWER

21 盆栽猫【Bonsai Kitten】

サイトでは「どこにでもいる猫をペットにして満足する必要はありません」「あなたの想像力次第で、様々な珍種が楽しめます」などと謳われ、盆栽猫の販売広告まで作られていた。このジョークについて、サイト作成者は「自然を商品のように思っている人間を風刺するのが狙いであった」と述べている。

22 ツル多はげます会

例会では、額につけた吸盤をひもで引き合う「吸盤綱引き」や、月の部分だけ穴を開けた月見の絵から頭頂部を出し、だれの頭かを当てる「名月当てクイズ」などのゲームが行われる。同様の団体として、秋田県の「雄物川光頭会」、長野県の「飯田ハゲます会」、宮城県の「白石ひかり会」がある。

23 『蛸と海女』

蛸と海女というモチーフは北斎のオリジナルではなく、北尾重政の『謡曲色番組』や、勝川春潮の『艶本千枝多女志』に先んじて確認できることが最近の研究で明らかになっている。春画は、海外では美術的に高く評価されており、2013年には大英博物館で春画を取り扱う大規模な特別展が開催された。

24 テルシテス

トロイア戦争ではギリシア軍の先頭に立って自軍の大将アガメムノンを罵り、参謀オデュッセウスに懲らしめられている。また、敵方の美女ペンテシレイアの死を嘆いていたアキレウスをからかい、彼女から両眼を抉り取ったため、激怒したアキレウスに撲殺されるという救いようのない最期を遂げている。

25 アンドロイド演劇『さようなら』

大阪大学基礎工学研究科とATR石黒浩特別研究室が開発した女性型遠隔操作アンドロイド「ジェミノイドF」がアンドロイド役を務め、世界で初めて人間俳優とアンドロイドが共演した作品となっている。ジェミノイドシリーズには、Fの他にも石黒浩に酷似した「HI-2」や「HI-4」などの種類がある。

「私に勝てるとはな……驚いた。人類が月に降り立った時以来の衝撃だ」
　僕らの生まれてくるずっとずっと前の話である。
「貴方一体何歳なんですか……」
「さあな。17から先は数えるのを止めてしまった」
　そして櫻井は真剣な面持ちを崩さずに続けた、
「とにかくもう一度鍛錬を積み直さねばならなくなった。いつか、君すらも護れるように」

「出題者より」

　出題内容は大学の講義で知ったことをベースとしました。例えば、「テルシテス」は古典ギリシア語の講義で教授が余談として言及していたもので、「シバンムシ」は実習のために通った博物館で蛇蝎視されていたもの、そして『蛸と海女』は「美術と性表現」の講義で取り扱われたものです。当初は私が好きな声優の田村ゆかりさん（1問目参照）関連で25問出題する奸計もありましたが、流石に常軌を逸しているので自主規制しました。

「負けたんでしょ？　ジャマだよ、せ・ん・ぱ・い」
　声が聞こえた刹那、櫻井の体に異変が現れる！　騎士の体躯は青白い光を放ちながら、小さな立方体へと変形、圧縮されていく！
　掌ほどの大きさに押しつぶされた櫻井を掴んだのは、先ほどの声の主たる、少年、ショタであった。
「せんぱいの《存在》を《量子化》して閉じ込めたんだ。返して欲しかったらボクに勝ってみるんだね」

- 知識【5】
- 早押し【7】
- 正確性【7】
- 発想【7】
- さんすう【7】
- こくご【5】

みんな僕のもの

小澤 創

ざあみなよ

得た知識を立方体状に成形・圧縮する異能《蒐集(コレクトコレクター)》を持つ少年。野望は宇宙全ての知識を掌握し、自分だけのアカシック・レコードを構築すること。あどけない顔からは想像もつかない高難易度なクイズを連発し、苦しめた挑戦者から知識を強奪する。

Q1
身分の低い者が天子の位をねらうことを「これが御座を犯す」とも表現する、彗星や新星など一時的に現れる星を総称して何という?

Q2
1891年10月28日根尾谷断層を震源に発生した、マグニチュード8.0と日本観測史上最大の内陸地震は何?

Q3
キーボードのQWERTY配列や、インターネット通信規格のTCP/IPなど、市場競争の結果事実上の標準とみなされるようになった基準を何という?

Q4
代表的な例である714と715に縁の深い野球選手の名前がつけられた、連続する2つの自然数でそれぞれの素因数の和が等しくなるペアのことを何という?

Q5
近年ではこれを戦国時代の始まりとするのが主流である、1493年、細川政元が10代将軍義材を幽閉、11代義澄を擁立し幕府の主導権を掌握した事件を当時の元号から何という?

ANSWER

1 客星（かくせい）

歴史上現れた客星は文献に記載されていることがあり、例えば1054年に現れた超新星SN1054は、藤原定家が著した『明月記』や『宋史』天文志に記述がみられ、23日間に渡り日中でも見えるほどに輝いたと記録されている。SN1054の残骸は現在かに星雲と呼ばれており、最初に登録されたメシエ天体でもある。

2 濃尾地震

いわゆる直下型地震では最大級の規模で、愛知県、岐阜県、福井県で現在の震度7に当たる強い揺れを観測し、死者7273人、全壊家屋14万棟という大きな被害を出した。地震学者の小藤文次郎（ことうぶんじろう）は、大きくずれ動いた根尾谷断層を見て地震が断層の急激な移動で起こると確信し、断層地震説を発表した。

3 デファクトスタンダード

他にBlu-rayやSDカードなどもデファクトスタンダードといえる。これが確立すると、その規格に対応した商品がシェアのほとんどを占め、市場の独占が進むことになる。デファクトスタンダードに対して、国際標準化機構などの標準化機関によって定められたものをデジューレスタンダードという。

4 ルース=アーロンペア

1974年4月8日に、ベーブ・ルースが記録した通算ホームラン714本をハンク・アーロンが715本目を打って塗り替えたことにちなんで名がついた。714と715は共に素因数の和が29になり、このようなペアは他に948と949など1000までの自然数に6つ存在する。

5 明応の政変

この政変により、下剋上の流れが恒常化し戦国時代が始まった。義材は幽閉されたが逃亡し、1508年に大内義興（おおうちよしおき）の軍事力を借りて京都を占領し再び将軍になり、足利義稙（あしかがよしたね）と改名したが、1521年に管領の細川高国と対立して再び将軍職を奪われた。彼は室町幕府の将軍職を2回以上務めた唯一の人物である。

Q6
大中寅二による楽曲も有名な、柳田國男が愛知県の伊良湖岬に滞在した際の体験に取材した、「名も知らぬ遠き島より」という書き出しで始まる島崎藤村の詩は何？

Q7
場の量子論において、電子の電荷や質量が無限大になる問題を解決するために考えられた数学的技法で、この研究で1965年にシュウィンガー、ファインマン、朝永振一郎がノーベル物理学賞を受賞したのは何？

Q8
「本来体温保持のための器官だった鳥の羽毛が飛行のために用いられるようになる」というように、進化においてある生物学的性質が別の目的に転用されることを表す生物学の用語は何？

Q9
ニューヨークのハドソン湾河口にある島で、1892年から1954年に渡ってここに置かれた合衆国移民局の施設で1700万人の移民の入国審査が行われ、「新世界への玄関」と呼ばれたのはどこ？

Q10
ブラックホールは電荷、質量、角運動量の3つ以外のすべての情報を飲み込んでしまうという定理を、人体に関する悲しい現象にたとえて何という？

6 『椰子の実』

詩集『落梅集』に収録。島崎藤村は北村透谷らと『文学界』に参加し、『若菜集』などのロマン主義の詩人として業績を残した。その後被差別部落問題を描いた『破戒』で自然主義文学の先駆となる。他の著作に姪との関係から渡仏したことを告白した『新生』や父をモデルにした『夜明け前』などがある。

7 くりこみ理論

クーロンの法則によると、点粒子である電子は電磁場から受けるエネルギーと質量が無限大になる。そこで電子固有の負のエネルギーを仮定し、それが電磁波によるエネルギーを打消すことで観測される電子のエネルギーを有限値にした。一方重力理論はくりこみが不可能で、解決策として超弦理論が登場した。

8 前適応

突然変異を繰り返すよりも、元々あった形質を転用する方が遥かに簡単であるために発生する現象とされる。別の例として木の葉に擬態する虫・コノハムシがある。ジュラ紀の地層に現在と同じコノハムシが存在するが、実はジュラ紀に広葉樹は存在せず、元々別の目的で獲得した形質と考えられる。

9 エリス島

1892年1月2日、アイルランド人の少女アニー・ムーアと彼女の2人の兄弟が最初の入国者となった。現在のアメリカ人のうちの40％の祖先はここから入国したと言われる。現在は移民博物館があり、マンハッタン南端のバッテリーパークから、自由の女神像のあるリバティ島と同様に船で訪れることができる。

10 ブラックホール脱毛定理

恒星は重力崩壊を起こしブラックホールになる過程で重力波を放射し、元々あった形状や構成元素などの特徴を失い、電荷、質量、角運動量の3つの情報しか残らない。ブラックホールはこの3つのうちどの情報を持つかで分類され、全てを持つブラックホールをカー＝ニューマンブラックホールという。

Q11 入信者にクスティと呼ばれる聖なる帯と、スドラと呼ばれる聖なるシャツを授ける、ゾロアスター教における入信の儀式を何という?

Q12 複数の人間が、互いに他の人間がどのようなものを制作しているかを知らないで自分のパートだけを制作するという、シュルレアリスムにおける共同制作の方法を何という?

Q13 今から約7万年前にインドネシアのスマトラ島の火山で発生した破局噴火が、人類の進化に大きな影響を与えたとする理論を何という?

Q14 懐徳堂(かいとくどう)で儒学を学んだ大阪の町人学者で、地動説や無神論の支持、日本書紀の神話的部分の否定など当時としては先進的な持論を展開した著書『夢の代(ゆめのしろ)』で知られるのは誰?

Q15 大気中に存在する微粒子、エアロゾルをその大きさから3種類に分けると、半径1μm以上の巨大核、半径0.2~1μmの大核と、半径0.2μmより小さい何?

ANSWER

11 ナオジョテ

ゾロアスター教徒の子弟は7歳から12歳までにこれを行い、教祖ザラスシュトラの教えに従って生きる。授けられたクスティとスドラは、入浴時以外常に身に着ける義務がある。現在パールシーと呼ばれるインドの教徒の間で、異教徒にもナオジョテを行う、つまり改宗を認めるかについて大論争が起きている。

12 優美な屍骸

詩や絵画などで行われる。名前はこの手法で"Le cadavre exquis boira le vin nouveau."(優美な屍骸は新しい葡萄酒を飲むだろう)という文章ができたことに由来。シュルレアリスムは1920年頃からフランスの詩人ブルトンらによって開始され、日本語では超現実主義と訳される文学・芸術の運動。

13 トバ・カタストロフ理論

イリノイ大学のスタンリー・アンブローズが提唱。過去10万年で最大の規模とされるトバ山の噴火によって人類は1万人程度に減少し、「個体数が激減した生物種が再び繁殖することで遺伝子多様性の少ない集団ができあがる」というボトルネック効果が発生した。また衣服の起源をトバ事変に求める学説もある。

14 山片蟠桃

大阪の米仲買両替商「升屋」の番頭として、当時財政難だった升屋だけではなく取引のあった仙台藩まで財政を再建させた。『夢の代』は天文、地理、神代といった全12巻からなり、ニュートンの万有引力や潮の満ち引きの原理の紹介、西洋の植民地主義への警告など江戸時代とは思えない合理的な内容である。

15 エイトケン核

現在広く使われてるエアロゾルの数を測定する機械を発明した、スコットランドの物理学者の名に由来。エアロゾルは水蒸気を凝結させる役割を果たし雲ができる原因となる。また土壌からの吹き上げや海面のしぶき、火山噴火の他に、人間の活動でも生成されるため環境汚染の程度を測る指標の一つにもなる。

Q16
フラーレンにおける高温超伝導研究で画期的な成果を次々と上げ、ノーベル賞確実と言われたものの、後に捏造と発覚したドイツの元物理学者は誰？

Q17
1973年に付近を通りかかった車になぎ倒されてしまった、最も近い他の木から200km以上離れた地点に立ち「世界で最も孤立した木」として知られたニジェールのアカシアの個体を、これのあった砂漠の名から何という？

Q18
「ヒポクラテスの誓い」の精神を現代的に改訂したものである、1948年の第2回世界医師会総会で採択された医療倫理に関する宣言を何という？

Q19
1973年に特許に関する裁判で勝利しデジタルコンピュータの発明者と認められた、1942年にベリーと共に2進法による電子計算機・ABCを作製したアメリカの物理学者は誰？

Q20
言語学者のノーム・チョムスキーが提起した、「人間は経験できることが非常に限られているのに、なぜ経験したこと以上のことを知ることができるのか」という疑問を、ある人物の名から何という？

ANSWER

16 ヘンドリック・シェーン

この事件はその重大性から科学における不正行為の代名詞になっている。他の捏造事件としてはチャールズ・ドーソンによるピルトダウン人、藤村新一による旧石器時代捏造事件、黄禹錫(ファンウソク)によるES細胞論文不正事件、小保方晴子(おぼかたはるこ)らによるSTAP細胞論文捏造事件などがある。

17 テネレの木

砂漠化が進行する前に生育していた木の最後の生き残りで、塩を運ぶキャラバンの目印として長い間利用されてきた。倒された木の残骸は、首都ニアメの国立博物館で展示されることになった。芸術家の篠原勝之(しのはらかつゆき)はこの跡地に「風の樹」というモニュメントを作ったが、強風によって壊れてしまったという。

18 ジュネーブ宣言

患者の非差別や守秘義務などを謳い、その後ヒトに対する医学研究に関するヘルシンキ宣言、患者の権利に関するリスボン宣言など新しい倫理に関する宣言も採択された。ヒポクラテスは「医学の父」と呼ばれた古代ギリシアの人物で、弟子により伝えられた「誓い」は2000年に渡って医療倫理の根幹をなした。

19 ジョン・アタナソフ

ABCはアタナソフ&ベリー・コンピュータのイニシャルである。当時はその存在が一般に知られることはなかったため、1946年にペンシルベニア大学のエッカートとモークリーによって開発されたENIACが世界初のコンピュータとされてきたが、裁判によってABCが最初のコンピュータであると認められた。

20 プラトンの問題

元々は言語学の問題で、「限られた刺激にもかかわらず人間が生まれてからわずかな期間で母語を獲得すること」への疑問である。これに対してチョムスキーは、「人間は遺伝的に与えられた言語知識の初期状態である普遍文法を備えている」という生成文法説によって説明を与えた。

Q21
エルサレムのヘルツルの丘にあるイスラエルの国立記念館で、杉原千畝ら「危険を冒してドイツの迫害からユダヤ人を守った非ユダヤ人」に「諸国民の中の正義の人」の称号を授与しているのは何?

Q22
クイーンズランド大学のトマス・パーネル教授によって1927年に開始された後、現在も続いており、最も長期に渡るラボ実験としてギネス記録になっている、非常に粘度の高い液体を長時間かけて落下させる実験を何という?

Q23
1861年7月21日のブルランの戦いと、1865年4月9日のリー将軍降伏の会談の舞台となったため、「南北戦争は彼の家の庭先で始まり、その応接間で終わった」と言われるバージニア州の食料品商人は誰?

Q24
映画『100,000年後の安全』にも取り上げられた、フィンランド語で「隠し場所」「洞穴」という意味がある、フィンランドのオルキオルト島に建設中の高レベル放射性廃棄物の最終処分場は何?

Q25
核戦争後の食糧の尽きた地球で、籤で選ばれた人間を食糧として延命し、人工冬眠によって地球外生命体からの救助を待つことを繰り返すという内容の、藤子・F・不二雄の短編SF漫画は何?

ANSWER

21 ヤド・ヴァシェム

ヤド・ヴァシェムの名は旧約聖書のイザヤ書から取られており、ヘブライ語で「名前と記憶」という意味がある。ナチスドイツによるホロコーストの犠牲者を追悼するために建てられた。杉原千畝は第二次世界大戦中のリトアニアで日本政府の命令に背いて約6000人のユダヤ人難民に日本通過ビザを発行した。

22 ピッチドロップ実験

ピッチとは黒色で非常に粘度の高い樹脂で、1927年の実験開始からまだ9滴しか落下しておらず、また雫の落下する瞬間を見た者もこれまでに1人もいない。2014年にビーカーを交換した際に9滴目がちぎれてしまい、クイーンズランド大学は「実験は刺激的な新時代に突入した」と発表した。

23 ウィルマー・マクリーン

南北戦争における最初の大会戦であるブルランの戦いの火蓋が切られたのは、バージニア州マナサスにある彼の家の庭先だった。1863年、戦争から逃れるために、その南方にあるアポマトックス・コートハウスに一家は移住したが、2年後講和会談の場所として自宅を提供することになった。

24 オンカロ

2020年に運用開始予定で、2120年までに出る使用済み燃料を地下約500mの施設に埋設し、約10万年間閉じ込める。島周辺が18億年前から安定した地層であることから選ばれた。フィンランドは原子力条例により「国内で生産された放射性廃棄物は、国内で処分されなければならない」と定めている。

25 『カンビュセスの籤』

「カンビュセス」という名前は、紀元前6世紀にクシュ王国を征服しようとしたアケメネス朝ペルシアの王から取られている。1991年にはOVA化され、脚本にはテレビドラマ界の重鎮である金子成人が起用された。藤子・F・不二雄は『ドラえもん』で有名だが大人向けのSF作品も多く残している。

「ボクが負けるわけないんだ！　うわーん！」
　泣き喚くショタが手放した立方体から、収監されていた櫻井がもこもこと復元されていく。
「体感で5億年ほど閉じ込められていたか。《不老不死》の能力を持つ私でなければ老けている所だった……」
「せんぱいごめんね、ボク悪い子です」
「案ずるな。ただ、次にその異能を使う時は人を助ける時だと約束してくれ」

「出題者より」

クイズを作っていて楽しいのは大学で専門的に学んでいること以外の幅広い分野について知識が得られることです。問題を作る過程で調べる行為はさまざまな学問に興味を持つきっかけになります。そうして得られた知識は専門的にその分野を勉強している人に比べると薄っぺらいものですが、それでも少し世界を識った気分になれます。今回の25問は僕がいろいろな分野について調べてみて面白いと思ったものを纏めたものです。

「次は《あの人》にネジを入れに行こうと思います」
「えっ、《あの人》って森さんのことですか」
【デデーン！　小澤、アウトー！】
《その人》の名を呼んだショタの尻に突如としてバットが打ち込まれる！　小澤の尻は割れてしまった！
「《絶対に名前を呼んではいけないあの人24時》たるワタクシの名を軽々しく呼ぶな！不届き者め！」
　黒衣に身を包んだ不審者が現れた！

森 雄太郎

Wissenschaft von Dunkelheit

粛清してやる

禁忌を暴かんとする、闇の黒魔術師。あらゆる国の悪魔を召喚するために多言語を習得しており、ワールドワイドな視野を持つ。最強のマテリアルである「賢者の石」の精製のため、幅広い知識の習得を志した。目指すはただ1つ、石の力で世界を闇に染め上げることである。

- 知識【8】
- 早押し【7】
- 正確性【8】
- 発想【7】
- 闇【7】
- 世界【5】

第3章・森 雄太郎

Q1 スターリンによる植林事業を讃える内容である、ジダーノフ批判によって低下した自身の地位を回復するためにショスタコーヴィチが作曲したオラトリオは何？

Q2 独自の物理学体系である「飯田物理学」を構築し、「ニュートン、アインシュタインの業績を超える新物理学体系の樹立」を成し遂げたと自称した東京大学名誉教授は誰？

Q3 翼に働く揚力Lは、流体の密度をρ、流体の速度をU、翼を囲む循環をΓとすると、$L=\rho U \Gamma$で表されるという定理は何？

Q4 「使用するプロセッサの数を増やして並列計算を行っても、時間短縮できる量には上限がある」という法則を、アメリカのコンピュータ技術者の名前から何という？

Q5 ガラス棒と樹脂の棒をそれぞれ毛皮と擦りあわせると、ガラス棒と樹脂棒は引き合うが、ガラス棒同士・樹脂棒同士は反発することから、二種類の電気が存在するという「電気二流体説」を唱えたフランスの科学者は誰？

ANSWER

1 『森の歌』

戦中、ショスタコーヴィチは交響曲第7番『レニングラード』のようにソ連当局からの評価が高い作品を作曲していた。しかし、戦後作曲された交響曲第9番は軽妙洒脱な内容であり、戦勝を祝う「第9」を期待していた当局の不評を買った。この結果彼はジダーノフ批判を受けることとなった。

2 飯田修一

1974年、彼は「飯田物理学」の成果である電子の古典構造に関する論文を日本物理学会誌に投稿したが、これ以後同学会の誌上での論文の公開を禁じられた。また、彼は「飯田パイオン」や「ボーズ・飯田・アインシュタイン凝縮」など、物理概念に自分の名前を入れて論文を発表している。2012年没。

3 クッタ=ジューコフスキーの定理

飛行機が飛ぶ原理はこの定理により説明できる。飛行機の場合 ρ は空気の密度であり、地上では翼に大きな揚力が働くが、上空では密度が低いため揚力が低くなり上昇しづらくなる。また、「流れの中で回転する物体には、回転軸と流速に垂直な方向に力が働く」というマグヌス効果もこの定理で説明される。

4 アムダールの法則

「p個のプロセッサに分散させて計算を並列処理するとき、並列処理で対応できない計算の割合をfとすると、$\dfrac{1}{f+\dfrac{1-f}{p}}$ 倍より大きな時間短縮は不可能である」というのが法則の具体的な内容である。そのため、アルゴリズムの改良によって並列処理不可能な計算量を減らすことが必要である。

5 シャルル・フランソワ・デュ・フェ

デュ・フェはガラス棒に発生する電荷を「ガラス電気」、樹脂に発生する電荷を「樹脂電気」と呼んだ。後に「樹脂電気」の正体が電子だと判明したが、すでに「ガラス電気」をプラスとする定義が広まっており、これを覆すことはできなかった。このため、電流の向きは電子が実際に流れる向きとは逆である。

第3章・森 雄太郎

Q6 リライアンス財閥、ビルラ財閥と共にインド三大財閥に数えられる、製鉄や自動車に強みを持つインド最大の財閥は何?

Q7 衆議院または参議院の警備にあたる国家公務員を何という?

Q8 金や白金を溶かすことができる、濃塩酸と濃硝酸を3:1の割合で混合した液体を何という?

Q9 フランスの科学者パスカルが税金を計算する手間を簡略化しようと、19歳の時に製作した計算機は何?

Q10 剣道で使う武具といえば竹刀ですが、銃剣道で使う武具は何?

ANSWER

6 タタ財閥

タタ一族はイランから移り住んだゾロアスター教徒の家系で、カーストを考慮しない実力主義的な企業風土がある。同財閥創始者のジャムシェトジ・タタはインドで初めて製鉄所が設置されたジャムシェドプルに名を残している。ちなみに、タタとリライアンスはムンバイに、ビルラはコルカタに本拠地を置く。

7 衛視

衛視は警察とは全く別の組織で、衆議院と参議院が独自に採用募集している。国会警備のための独立した組織が存在する理由は、警察が立法機関である国会の警備を行うのは三権分立の立場から好ましくないためである。ちなみに衛視にも階級があり、それは衛視長、衛視副長、衛視班長、衛視の4つである。

8 王水

金などの貴金属は塩酸および硝酸に溶けないが、塩酸と硝酸が混ざることによって強い酸化力を持つ塩化ニトロシル（化学式NOCl）が生成し、金や白金を溶かすことができる。ちなみに、塩化チオニルと有機溶剤（ピリジンやイミダゾールなど）を混合してできる有機王水も存在し、これも貴金属を溶かす。

9 パスカリーヌ

当時のフランスの通貨体系は、12ドゥニエが1スー、20スーで1リーブルとなっており、かなり複雑であった。そこで税務官の父を持つパスカルは、父が税金を計算する苦労を減らすためパスカリーヌを製作した。ちなみに、パスカリーヌは現存する最古の機械式計算機である。

10 木銃

銃剣道における攻撃方法は「突き」のみであり、左胸と喉への突きが「一本」として認められる。同競技では「小手」や「肩」も有効な攻撃であるが、それぞれ「左胸をかばった時の左小手」「相手が体勢を崩した時の左肩」が一本として扱われるため、いずれにしても左胸を狙わなければならない。

Q11
衝撃を表現するために、第4楽章で2回または3回ハンマーが叩きつけられる、マーラーの交響曲は何？

Q12
「UK」を社主とする新聞社の記事配信サイトという形をとる、本当のように見えるが実際にはあり得ない内容の記事を掲載するウェブサイトは何？

Q13
2005年から毎年、スイスのNPOベルン・デクラレーションが主催している、その年の最も社会的に無責任な企業に贈られる賞は何？

Q14
ポーランド、チェコ、スロバキア、ハンガリーの4ヶ国が友好を深めるために形成した枠組みを、協定が結ばれたハンガリーの都市から何という？

Q15
クメール文字を基にしてタイ文字を発案したことで知られる、タイの領土を大きく広げ、「タイ三大王」に数えられるスコータイ朝第3代国王は誰？

ANSWER

11 『交響曲第6番イ短調《悲劇的》』

この交響曲では第2楽章と第3楽章の順番が不明であり、スケルツォの楽章とアンダンテの楽章のどちらが先か解釈が分かれる。珍しい楽器を使う曲としては他に、大砲を使うチャイコフスキーの『大序曲1812年』や、サンダーマシーンやウィンドマシーンを使うR. シュトラウスの『アルプス交響曲』がある。

12 虚構新聞

資本金280円、1880年創刊といった会社情報をウェブページに掲載しているがもちろん嘘である。「森永チョコ、144個入り「グロス」発売」などの記事のように、現実のものになったり、現実に存在していたことが発覚すると、ウェブページに謝罪文が掲載される。

13 パブリックアイ賞

一般の人々の投票で決まるピープルズ・アワードと、人権や環境の専門家の投票で決まるジュリー・アワードの2部門からなる。2012年には東京電力もノミネートされ、ピープルズ・アワード部門で第2位を獲得した。似たような賞に、日本国内の労働環境が劣悪な企業に与えられるブラック企業大賞がある。

14 ヴィシェグラード・グループ

これらの4ヶ国をヴィシェグラード4ヶ国と呼ぶことがある。ヨーロッパの国をまとめた呼び方には他に、ベネルクス三国(ベルギー、オランダ、ルクセンブルク)、バルト三国(エストニア、ラトビア、リトアニア)、GUAM(グルジア、ウクライナ、アゼルバイジャン、モルドバ)などがある。

15 ラームカムヘーン

在位期間は1275年から1299年頃で、美文として有名な『ラームカムヘーン王碑文』を残している。また、残りのタイ三大王は、ビルマを破り失地回復を果たしたアユタヤ朝のナレースワン(サンペット2世・在位1590～1605)と、タイの近代化に尽力したチュラロンコーン(ラーマ5世・在位1868～1910)である。

第3章・森 雄太郎

Q16 キャバクラや料理屋など、収入が客の人気に左右される事業を水商売といいますが、主に発展途上国で水道を整備し利益を上げる、実際の水を商品とする事業を何という？

Q17 主演はロバート・デ・ニーロ。世の中の汚さに苛立つタクシー運転手のトラヴィスが、大統領候補暗殺に失敗するが、それとは別に1人の少女を売春から救うという内容の、マーティン・スコセッシ監督の映画は何？

Q18 国名問題を理由にNATO、EUの加盟をギリシアから反対され、2014年現在も加盟できずにいる国はどこ？

Q19 1831年に海底火山の噴火によってシチリア島の南方に出現したが、翌年に再び沈没してしまった島を、当時の両シチリア国王の名前から何という？

Q20 放置された死体の経過を観察するため、ビル・バス博士により設置されたテネシー大学にある実験場は何？

16 水ビジネス

こちらは水商売と違い常に収益を見込むことができる。スエズ・エンバイロメント（仏）、ヴェオリア・ウォーター（仏）、テムズ・ウォーター（英）の3社が三大水メジャーとして知られている。日本企業は膜処理など技術面で優位にあるが、運営面で劣っており水ビジネス参入への課題は多い。

17 『タクシードライバー』

トラヴィスは少女を救い注目された後も変わらずタクシーを運転し続けるという結末である。少女の役を演じたジョディ・フォスターが助演女優賞にノミネートされた。ちなみに、彼女の熱狂的ファンであった青年のジョン・ヒンクリーがこの映画に影響を受け、レーガン大統領暗殺未遂事件を起こしている。

18 マケドニア

マケドニアの正式名称は「マケドニア旧ユーゴスラビア共和国（FYROM）」であるが、NATO加盟申請時に国名を「マケドニア」とした。隣国のギリシアは国内に「マケドニア」と呼ばれる地域があり、「FYROMの領土拡大の野心を懸念する」という理由でギリシアは同国のNATOおよびEU加盟を阻止した。

19 フェルディナンデア島

島が地政学的に重要な位置にあったためイギリス、フランス、両シチリア王国が領有権を争ったが、島自体が自然に崩壊してしまい、この争いも自然消滅した。ちなみに「フェルディナンデア島」はシチリアが決めた名前で、イギリスはグラハム島、フランスはジュリア島と呼んでいた。

20 死体農場

英語では「ボディ・ファーム」という。テネシー大学の人類学研究所の施設であり、その面積は1ヘクタールほどである。遺体が野ざらしにされた場合や、ゴミ袋に詰められた場合など、様々なシチュエーションについて死体を観察する。これらの実験から得られた知識は殺人事件の捜査などに役立てられる。

第3章・森 雄太郎

Q21 「淫欲是道」を唱え、男女の交合が即身成仏の秘法であると説いた、平安末期の僧侶・仁寛が創始した真言宗の流派は何？

Q22 情報のコピーを神聖な行為と見なし、情報の複製を推奨しているスウェーデンの新宗教は何？

Q23 新宗教「ひがしくに教」を開いたことで話題にもなった、鈴木貫太郎の後任として終戦直後首相に就任するも、わずか54日で辞任してしまい、在任期間が最も短い総理大臣となった皇族は誰？

Q24 味噌味のスープを使ったタンメンに麻婆豆腐をかけた「蒙古タンメン」や、真っ赤な激辛スープを使用した「北極ラーメン」などのメニューを提供する、日本のラーメンチェーン店は何？

Q25 サンスクリット語で「行った者よ、行った者よ、彼岸に行った者よ、完全に彼岸へ行った者よ、幸いあれ」という意味がある、『般若心経』の最後に登場する真言は何？

ANSWER

21 立川流

立川流の教義の内容は、「金剛界と胎蔵界の大日如来を男女に見立て、両者が交わることによって即身成仏の境地が得られる」というものである。鎌倉末期には文観という僧が広めて流行したが、邪教として弾圧されるようになり、江戸時代以降ほぼ姿を消した。なお、仁寛は女犯により伊豆に流されている。

22 コピミズム伝道教会

「すべての知識はすべての人のために」「知識を検索することは神聖である」「知識の循環は神聖である」「コピーすることは神聖である」の4つを団体の教えとして据えており、2012年にはスウェーデンで宗教法人として認められた。また、同教団はCTRL+CとCTRL+Vを神聖なシンボルとしている。

23 東久邇宮稔彦王

戦後処理を行う一方で一億総懺悔を提唱し、戦争責任の追及を逃れようとした。しかし、GHQに天皇批判の自由化などを求める「自由制限の撤廃についての覚書」を突きつけられ、内閣総辞職に至った。ちなみに、在任期間が二番目に短い首相は羽田孜(64日)、三番目に短い首相は石橋湛山(65日)である。

24 蒙古タンメン中本

東京の上板橋に本店を構え、辛さの中に旨みのあるラーメンを標榜している。メニューごとの辛さは0から10までの11段階が設定されており、例えば蒙古タンメンの辛さは5、北極ラーメンは9となっている。また、蒙古タンメンと北極ラーメンのカップラーメン版がセブンイレブンから発売されている。

25 羯諦 羯諦 波羅羯諦 波羅僧羯諦 菩提薩婆訶

真言(マントラ)とは教えや功徳が秘められるとする呪文のこと。日本における『般若心経』は玄奘訳のものがもっとも一般的であり、「色即是空 空即是色」(すべての物質的なものは空であり、空であることによって世界が成り立っている)というリズム感の良い句が収められている。

「ワタクシの野望の第一歩、賢者になるためには、《賢者の石》が4782個必要だというのに……！」
「だめです、こんな危ないもの没収です」
　そう言って森から賢者の石を強奪する片渕。
「畜生ォ…持って行かれた……！」
「《滅びの亀裂》まで行って危険物を破壊しなきゃ……面倒なタスクが増えましたね」
　隠せない疲れを滲ませながら、片渕は笑うのだった。

「出題者より」

　「中ノ鳥島」（戦前は地図に記載されていたが、実在しないことが判明した島で、存在していれば戦後日本最東端）の出題は別の問題との重複を考慮して断念しましたが、基本的に出題したいものを書きました。折角なので「立川流」のようなテレビで放送できない内容を入れてみたのですが、現実のTQCの例会ではそういったクイズを出題する人は自分に限らず結構います。なので、この本は普段のTQCをある意味で再現していると思います。

「では、最後の四天王に挑みます」
　あれだけ奇矯な会員どもの上に立つ男である。どれだけの変人であろうかと、君は心構えを新たにする。
　そして案内されたのは鄙びた畑だった。土の匂いがする。四天王の4人目はきっと土属性だろう。
　果たしてそこに居たのは、4本の腕で器用に鍬を振るう、牧歌的で農家然とした《巨人》であった。
「やあ片渕くん、それにお友達かな？　ようこそ」

※撮影のためタオルを使用しています

四大王 武富康朗
微笑みの巨人

やあ、よく来たね

TQC四天王の一角にしてTQC世界一の立役者。クイズの世界大会でも安定して成績を残すなど、踏んだ場数は数知れず。感性の赴くまま集められた膨大な知識は圧巻の一言で、「全知に最も近い人間」「巨人」と称される。彼は君がこれから挑むことをも「知っていた」のだ。

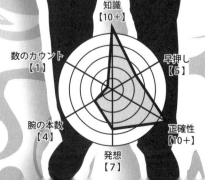

- 知識 【10+】
- 数のカウント 【1】
- 早押し 【5】
- 腕の本数 【4】
- 正確性 【10+】
- 発想 【7】

四天王・武富康朗

Q1 大逆事件に際しては大審院検事として捜査にあたり「鬼検事」と称された、1929年3月12日の衆議院本会議において、5時間30分に及ぶ憲政史上最長の演説を行った政治家は誰？

Q2 遠藤寛子（えんどうひろこ）の児童文学『算法少女（さんぽうしょうじょ）』にも登場し、主人公を教育係として召し抱えようとする、自ら和算の研究に勤しみ「大名の数学者」として有名であった、久留米（くるめ）藩第7代藩主を務めた江戸時代の大名は誰？

Q3 モスクを中心として色とりどりの立方体家屋が立ち並ぶ景観は「キュビスム的」と称され、近代ヨーロッパの建築家に影響を与えた、ガルダイヤなどの都市が点在し世界遺産に指定されているアルジェリアの谷はどこ？

Q4 幼少期にはペトログラードに住んでおり1917年のロシア革命を直に目撃している、著書『自由論』に収められた文章「二つの自由概念」において、自由を「消極的自由」と「積極的自由」に分類したイギリスの政治哲学者は誰？

Q5 愛媛県松山市の寺院・石手寺（いしてじ）の名前の由来になった、「お遍路」を初めて行ったとされる、四国霊場に語り継がれる伝説上の人物は誰？

ANSWER

1 武富済(たけとみわたる)

議題の選挙区改正法案に反対していた武富は、議事をわざと引き延ばす妨害工作としてこの演説を行った。動議の主旨説明を2時間、夕食休憩を挟んで各選挙区についての指摘を3時間半行ったところで、遂に副議長によって発言を禁止された。最終的に議会は大混乱に陥り、法案は会期切れのため廃案となった。

2 有馬頼徸(ありまよりゆき)

山路主住(やまじぬしずみ)の下で関流(せきりゅう)の算術を学び、藤田貞資(さだすけ)ら多くの数学者を庇護して和算の発展に寄与した。豊田文景の変名で著した和算書『拾璣算法(しゅうきさんぽう)』では、関流の秘伝とされていた筆算式の代数学・点竄(てんざん)術を公開した。これは、発見した解法の秘匿と、流派同士の競争を旨(むね)とした当時の和算界では画期的なことだった。

3 ムザブの谷

ベルベル人の少数民族・ムザブ族は、イスラム教イバード派を信仰していたために迫害され、11世紀以降この谷に逃げ込んで灌漑(かんがい)設備付きのオアシス都市群を築きあげた。建築家ル・コルビュジェは「インスピレーションが枯渇するたびに、私はガルダイヤへの航空券を買う」と語り、その街並みを賞讃した。

4 アイザイア・バーリン

消極的自由は他者からの強制や干渉を受けずにいられる状態を指し、積極的自由は自律的に目標を追求する状態を指す。前者は「からの自由」、後者は「への自由」とも称される。彼自身は、積極的自由が普遍的価値観と結びついて全体主義に堕す危険性を指摘し、価値多元論に基づく消極的自由を推奨した。

5 衛門三郎(えもんさぶろう)

元は強欲な金持ちだったが、托鉢(たくはつ)に来た弘法大師を追い払うと8人の我が子が相次いで死んだため、懺悔(ざんげ)の気持ちから四国巡礼の旅を20周以上行った。死ぬ間際に大師と再会し「衛門三郎再来」と書いた石を手に持って亡くなったところ、伊予の河野家で生まれた男の子の握り拳からこの石が発見されたという。

四天王・武富康朗

Q6 ネロ死後の混乱を収拾してフラウィウス朝を創始したことや、コロッセオの建設を命じたことでも知られる、財政健全化政策の一環として世界初の公衆トイレを設置したローマ皇帝は誰?

Q7 冒険家の植村直巳が、1968年にアマゾン川下りを行った際、使用した筏の名前は何?

Q8 満行すると「大阿闍梨」の尊称で呼ばれる、比叡山の霊場を1日30km歩き回って参拝する行を7年間続けるという内容の、比叡山延暦寺で行われる荒行は何?

Q9 我が子である僧侶の光覚を、興福寺で行われる維摩会の講師にしてほしいと権力者・藤原忠通に頼み込んだが、その願いが叶えられなかった悲哀を表現している、藤原基俊が詠んだ百人一首第67番歌は何?

Q10 「バッティングはタイミングだ。ピッチングはタイミングを崩すことだ」との言葉を残している、ブレーブスで長年活躍し、左腕投手としてメジャー歴代最多の通算363勝を挙げたアメリカの野球選手は誰?

ANSWER

6 ウェスパシアヌス

アンモニア成分を含む尿は、動物の皮をなめす時に重宝されていた。トイレの使用者から料金を徴収し、さらに集めた尿を転売することで、逼迫した帝国財政の足しにした。あまりに斬新な方法に戸惑う息子・ティトゥスの鼻先に、稼いだお金を突き付けて「臭うか？」と言い放ったエピソードが伝わっている。

7 アナ・マリア号

彼がヨーロッパからアルゼンチンへ渡る途中、船の中で出会い魅かれたスペイン人尼僧の名前にちなむ。上流のペルー・ユリマグアスを出発し、1人で60日間かけて河口近くのマカパまで到達した。「全て自分で計画・準備・行動してこそ本当に満足がいく」との思いから、植村が行った冒険は単独行が多い。

8 千日回峰

700日目を終えて行われる「堂入り」の行では、9日間に及び断食・不眠のまま真言を唱えつづける。行者が白装束をまとうのは、生身の不動明王の表現とも、挫折した場合は自害することの表明とも言われている。回峰行を生涯に2回達成する者が稀におり、2013年に亡くなった酒井雄哉もその1人である。

9 「契りおきし させもが露を いのちにて あはれ今年の 秋も去ぬめり」

「約束下さった言葉を命と頼んできましたが、ああ、今年の秋もむなしく過ぎていくようです」との意味。「させも」はヨモギのことで、忠通の約束のありがたさを、ヨモギの葉におりた恵みの露にたとえた。維摩会は毎年10月に興福寺で経典を講釈する行事で、講師への選出は出世の登竜門だった。

10 ウォーレン・スパーン

1999年に創設されたメジャー最高の左投手に与えられる賞にその名が冠せられている。1975年には春キャンプ限定で広島東洋カープの臨時コーチを務めた。42歳で23勝する息の長い活躍を続けたため「彼は絶対に殿堂入りしないだろう。何故なら、彼はいつまでも投げ続けるからだ」と冗談を言われたという。

四天王・武富康朗

Q11 著書『光学の書』はラテン語に翻訳されてヨーロッパにも大きな影響を与えた、「近代光学の父」と呼ばれるアラビアの科学者は誰?

Q12 内側についている玉受けをひねると、身につけている人の姿を見えなくすることが出来る、プラトンの著書『国家』に登場する架空の指輪は何?

Q13 惜敗したアメリカ戦後に悔し涙を流したシーンは現在でも名場面として語り継がれる、1998年の長野五輪で、弱冠20歳にして男子日本代表のスキップを務めたカーリング選手は誰?

Q14 直径2m近くある丸い巨石が大量に転がっている奇観で知られる、ニュージーランド南島・オアマル郊外の海岸はどこ?

Q15 長崎汽船漁業を設立し日本初のトロール漁業を行ったことや、魚類図鑑『グラバー図譜』の編纂で知られる、父に長崎の「グラバー邸」に名を残すトーマス・ブレイク・グラバーを持った実業家は誰?

ANSWER

11 イブン・アル・ハイサム

ラテン語名はアルハゼン。実験を繰り返して光の屈折や反射を研究し、目の構造の解明・物が見えるメカニズムの解明・眼鏡の原型の発明など幅広く成果を出した。天文学・数学にも通じた。ファーティマ朝のカリフからナイル川の治水を任されたが、それが不可能だと気づくと狂人の振りをして処刑を免れた。

12 ギュゲスの指輪

『国家』は、複数の登場人物の対話というスタイルで書かれた倫理学の古典。登場人物の1人グラウコンは「この指輪をはめれば悪事を働き放題になるだろう。人々は罰を避けるためだけに道徳的に行動する」と主張する。ソクラテスらの登場人物がこれに反対し、以降は道徳の理由について議論が展開される。

13 敦賀信人

準決勝進出をかけた日本対アメリカ戦は共に素晴らしいショットの応酬となり、最後は僅か数センチ差で決着した。敗れたものの、この名勝負は競技の知名度向上に大きく貢献した。日本選手権を9回制し、長く第一線で活動したが、本業である漁師との両立が難しくなったため2013年を最後に現役引退した。

14 モエラキ海岸

6000万年前に海底に堆積した炭酸カルシウムが、大きな貝殻などを核として均質に凝集、丸い石灰岩となり、それが地殻変動で陸へ持ち上げられたものとされる。先住民マオリ族の伝説では、「沖合でアライテウラというカヌーが転覆した際、積み荷のひょうたんが漂着したものだ」と語り継がれている。

15 倉場富三郎

英語名はトーマス・アルバート・グラバーで、日本名はこれをもじったもの。父の設立したホームリンガー商会で重役を務めた。『グラバー図譜』の絵は日本画家に依頼したもので、美術的価値も高い。第二次世界大戦が始まると混血の彼はスパイとして官憲の厳しい監視を受け、終戦直後に自殺を遂げた。

Q16
副題は「ぼくのおよめさん」。「ぼく」がクラスで一番背の低い女の子に恋をし、「将来は結婚して日本一の魚屋になる」と約束するも、女の子は交通事故で死んでしまうという内容の、蓬莱泰三作詞・南安雄作曲の合唱組曲は何？

Q17
真珠湾攻撃では空母赤城の飛行総隊長として陣頭指揮を執り、奇襲を成功させたが、太平洋戦争終結後はキリスト教に入信し、アメリカ各地で伝道と平和運動に従事した、日本の元軍人は誰？

Q18
正式名称を「自ら考え自ら行う地域づくり事業」という、1988年から翌年にかけて竹下登政権が行った、地域振興に役立ててもらうため各市町村に1億円ずつ交付する政策は何？

Q19
血液中の酸素が不足すると赤血球が尖った三日月状に変形し、血行障害や貧血などの症状をもたらす、アフリカの一部地方に多く見られる遺伝病は何？

Q20
持病の頭痛に苦しむ曹操は彼を手放そうとしなかったが、最期は曹操の命に従わなかったため殺されたという、外科治療の大家であった中国・三国時代の名医は誰？

ANSWER

16 『チコタン』

「なんでかな？」「プロポーズ」「ほっといてんか」「こんやく」「だれや！？」の5部構成。加害者を激しく糾弾し「アホーゥ！」と叫ぶラストが衝撃的である。同じく蓬莱と南が手掛けた他の合唱組曲に、死亡事故加害者の息子が「人殺しの子」と罵られ赦しを乞う『日曜日〜ひとりぼっちの祈り〜』がある。

17 淵田美津雄

真珠湾での奇襲成功を意味する「トラトラトラ」の電報は、彼の飛行機から打電されている。ミズーリ号上での降伏調印式にも立ち会っており、太平洋戦争の開始と終了の瞬間を見届けた人物となった。入信後は、「真珠湾の英雄」としての知名度を生かして活動し、ニミッツやトルーマンとも面会した。

18 ふるさと創生事業

地方自治体の自主性を重んじた当初の理念とは裏腹に、無駄使いが相次いだためバラマキ政策の典型例として批判された。有名な使い道としては、「緯度がニューヨークと同じ」という理由で建設された自由の女神像（青森県おいらせ町）や、全長247mのローラーすべり台（山梨県丹波山村）などがある。

19 鎌状赤血球症

患者のDNAは1つの塩基が通常とは異なるものに置換されており、転写と翻訳を通じて、ヘモグロビンタンパク質のアミノ酸配列が一部入れ替わる。変形した赤血球にはマラリア病原虫が寄生できないので、患者はマラリア流行に対して強く、一部地域でこの病気の遺伝子が残存している要因と考えられる。

20 華佗

字は元化といった。曹操は後に愛児の倉舒を病気で失った際、彼を殺したことを悔やんだという。羅貫中の『三国志演義』でも、数々の神がかった治療の様子が語られる。毒の矢に射られた関羽の肘を手術で治療した逸話が有名で、華佗に肘を切開されながら酒を飲み、碁を悠然と打つ関羽の姿は名場面である。

四天王・武富康朗

Q21 ヒトラー50歳の誕生日プレゼントとして側近のマルティン・ボルマンが建設した、ドイツ・ベルヒテスガーデン近郊の標高1834mの山頂に立つ、アドルフ・ヒトラーの別荘は何？

Q22 1万人以上が参加した公募を勝ち抜き、一般市民として初めてスペースシャトルに乗り込む宇宙飛行士となったが、搭乗したチャレンジャー号の爆発事故で亡くなったアメリカ人女性は誰？

Q23 映画『愛は霧のかなたに』の主人公になったことや、著書『霧の中のゴリラ』でも知られる、ルワンダにカリソケ研究所を設立し、野生ゴリラ研究の第一人者として活躍した生物学者は誰？

Q24 就学前や就職前といった人生の節目において、貧富を問わず国民全員に、政府が無償で基礎所得・教育・生産手段を与える、『正義論』で知られる哲学者ジョン・ロールズが提唱した理想的経済システムは何？

Q25 自らをニューオーリンズへ売ろうとする主人の発言を聞いて逃げ出してきた、マーク・トウェインの小説『ハックルベリー・フィンの冒険』で、ハックと共に川下りの旅をする黒人奴隷の名前は何？

ANSWER

21 ケールシュタインハウス

英語名は「イーグルズ・ネスト」で、現在はレストランも備えた観光名所になっている。真鍮で金色に装飾された専用エレベーターに乗り、山頂の建物に到着すると、周囲の山々の素晴らしいパノラマを一望できる。ヒトラー自身はほとんどここを利用せず、もっぱら近隣の山荘「ベルクホーフ」を本拠とした。

22 クリスタ・マコーリフ

ニューハンプシャー州の高校で社会科の教師をしており、宇宙からの授業を受けようと、テレビモニターで打ち上げを見ていた教え子たちの目の前で惨劇が起きた。ロケットの継ぎ目を埋めるゴム製部品「Oリング」が、打ち上げ当日の寒さにより弾力を失い、燃焼ガスが漏れて爆発に至ったという。

23 ダイアン・フォッシー

元々は病院でセラピストとして勤務していたが、考古学者ルイス・リーキーの指導のもと転身し、チンパンジーを研究したグドール、オランウータンを研究したガルディカスらと共に「リーキーズ・エンジェル」と称された。1985年、調査活動中に何者かによって殺害され、密猟者の関与が疑われている。

24 財産所有の民主制

経済学者J. E. ミードの著書から命名された。貧困層のみに所得だけの再分配を行う現在の福祉国家とは異なる制度で、機会の平等と自尊心の確保が最大の目的である。ロールズ自身は財源として、所得税や天然資源からの利益を挙げている。一方で、資本の国外流出・労働の動機の喪失を危惧する声もある。

25 ジム

「盗難は罪だから主人にジムを引き渡すべき」「親切なジムを自由にしたい」という2つの思いの間で、ハックが葛藤して後者を選ぶ場面があり、人種差別の時代背景を象徴する。実はジムの逃亡後病死した主人が、彼を奴隷身分から解放すると遺言しており、トム・ソーヤーがこの事実を伝えて物語は終わる。

「いやー、強いですね、完敗と言わざるをえない」
　額の汗を拭いながら、武富は賛辞を口にする。
「ではこれを進呈します。《四天王を倒した証》、タマネギバッジです。これを持っていると、貰ったものも含めた全てのクイズが命令を聞くようになります」
　何だそれは初耳だ、という君の表情を見て片渕は、
「急用を思い出しました、ではまた」
と言い残し逃げ去っていった。静寂だけが残った。

「出題者より」

　数年前、とあるテレビ番組の収録で、初めて英米圏のクイズ事情を知りました。学問ジャンルのみに絞った長い問題文の早押しクイズを、大学対抗の団体戦で行うのが主流で、知識勝負に主眼をおいています。NAQTやACFなどの公式連盟が存在するほか、イギリスでは大学生の全国大会がテレビ放映されます。いつかは日本のクイズ勢も海外との交流が出来たらなあと壮大な妄想をしています。気になった方は是非調べてみてください。

「残りのバッジ全部貰って来ましたよ、《貴公子》のローズバッジ、《悪鬼》のオニゴロシバッジ、そして僕のスーパーウルトラグレートブリリアントバッジです」
　走って帰ってきた片渕は息を切らしながら、机上にバッジを並べた。これで四天王のバッジが揃った。
「これでチャンピオンへの挑戦権が得られました」
「片渕くん、チャンピオンの話は既にしてるよね？」
「武富ありがとう、急用を思い出した。ではさらば」

STORY

「改めてチャンピオンの話をしなければなりませんね」

　片渕が顔を背けながら話す。流石に申し訳無さそうだ。

「最後の敵にして、TQC最強の男です。今日は証人を4人用意しました。ではみなさんどうぞ」

【証言①　努力家・鈴木】

「チャンピオンは強い！　特に、宇宙規模に無辺な知識から一粒の塵を見つけられるような、適切に正答を導き出す正確性は他の追随を許しません。会員からは畏敬を込めて《はやぶさ》と呼ばれています。正直僕じゃ勝てる気がしません……！」

【証言②　騎士・櫻井】

「敵に回ったらと思うとゾッとする相手だ。早押しのスピードが凄まじく、波に乗ると連続正解が止められない。《連答砲ちゃん》なる異名を取っていたはずだ」

【証言③　異能・小澤】

「チャンピオンはボクと違って異能とか全然使わないのに強くて、いつもビックリさせられます。シロナガスクジラとのクイズ勝負に勝ってからは《哺乳類最強の男》を名乗ってるハズです」

【証言④　黒魔術師・森】

「ワタクシがこの前コンビニに行ったら彼がエナドリを買い占めていてな。正直体調が心配でならない」

最終章
《1/7,000,000,000に帰す》

ワールドチャンピオン

安達 光

戦おう、チャンピオンの名にかけて!

全会員の上に立つ、TQCの誇る絶対的クイズ王。ルールやマナーを重んじる《心》、確かなテクニックと練習量に裏打ちされた《技》、あらゆることに精通した知識たる《体》の三拍子揃った稀有なプレイヤーである。王道を極めて世界の頂点に立った男の、確かな強さに挑め!

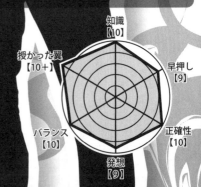

- 知識【10】
- 早押し【9】
- 正確性【10】
- 発想【9】
- バランス【10】
- 授かった翼【10+】

チャンピオン・安達 光

Q1　「パッド」「ブリッジ」「テンプル」といえば、多くの人が毎日使っているどんなもののパーツ？

Q2　発祥の地はラーメン店「大喜」。そのスープの色から名前がついた、非常に濃い醤油味で有名な富山のご当地ラーメンは何？

Q3　国立音ノ木坂学院のスクールアイドルグループ「μ's」の9人を主人公とする、サンライズ制作のアニメシリーズは何？

Q4　よく「寒の入り」とも呼ばれる、二十四節気の一つは何？

Q5　菱田春草や横山大観が確立した、輪郭をぼやかして描くことで光線や空気を表現する日本画の技法を何という？

ANSWER

1 メガネ

「パッド」は鼻あてのこと。「ブリッジ」は左右の金属部分（リム）を繋ぐ部分。「テンプル」はメガネのつるのこと。なお、テンプルの耳にかかる部分は「モダン」や「先セル」などと呼ばれる。ちなみに、日本で初めて使われたメガネはフランシスコ・ザビエルが大内義隆に献上したものとされている。

2 富山ブラック

戦後復興期の労働者のため、ご飯と一緒に食べられる「おかずの中華そば」として高橋青幹が考案したのが始まりとされている。ちなみに、富山ブラックと同様にご飯と共に食べられるイメージの強い「家系ラーメン」も、元々横浜の「吉村家」を発祥とするご当地ラーメンだった。

3 『ラブライブ！』

生徒減少により廃校の危機に瀕した母校の知名度を上げるため、アイドルコンテスト「ラブライブ！」を目指す主人公たちを描く。2010年の企画開始当時は無名だったが、ハイクオリティな楽曲やアニメーションPVなどが人気を集め、2013年にテレビアニメ化で大ブレイク。今後も目が離せない。

4 小寒

「二十四節気」とは1年を24等分しておおよそ15日おきに配置されている季節の指標で、「小寒」は毎年1月6日頃にある。「小寒」から「立春」までの約1ヶ月間が「寒」の季節とされており、「寒」が始まることから「小寒」は「寒の入り」と呼ばれる。ちなみに、「余寒」とは立春後の寒さのこと。

5 朦朧体

より一般には「没骨技法」と呼ばれる技法の一。当時の批評家からは悪評を浴び、「はっきりしない」という意味の「朦朧体」や、「広々としてかすかにしか見えない」という意味で「縹渺体」などと称された。横山大観の代表作は『夜桜』『生々流転』など。菱田春草の代表作は『落葉』『黒き猫』など。

210

Q6
囲碁や将棋で、相手の手に対してよく考えずに打ってしまう手のことを漢字3文字で何という？

Q7
松尾芭蕉が「閑さや岩にしみ入る蝉の声」という句を詠んだ、「山寺」の通称で有名な山形県のお寺は何？

Q8
女性向けの「ARCHIPELAGO」、カジュアル寄りの「BEAUTY&YOUTH」、低価格帯の「greenlabel relaxing」などを展開する日本のショップは何？

Q9
元々は合計9杯飲み干していたことにその名を由来する、新郎と新婦が大中小の3つの盃に入ったお神酒を交互に飲んでいく神前結婚式の儀式は何？

Q10
主演の浅野ゆう子と浅野温子が「W浅野」として人気を博した、1988年にフジテレビで放映されたトレンディドラマは何？

ANSWER

6 手拍子（てびょうし）

大抵の場合は「悪い手を打った」という文脈で用いられる。両競技で共通する用語には他に、相手の手に直接応手せず他の手を指す「手抜き」、研究され尽くした決まった打ち方を指す「定石」（将棋の場合は「定跡」）、対戦のハンディキャップ条件を指す「手合割」などがある。

7 立石寺（りっしゃくじ）

立石寺は清和天皇の命により860年に慈覚大師円仁が開いた天台宗の寺院。松尾芭蕉が「閑さや～」の句の着想を得たとされる場所には、弟子が芭蕉の短冊を埋めた「せみ塚」が残っている。また、本堂の根本中堂は1356年に再建されたもので、ブナを使った建築物としては日本最古とされる。

8 ユナイテッドアローズ

ユナイテッドアローズは、1989年に元ビームスの重松理らによって創業された日本のセレクトショップ。特徴的なロゴは「U」と「a」を組み合わせ、束ねた矢を正面から見た様子をモチーフにしたもの。シルバーアクセサリーで有名なブランド「クロムハーツ」の取り扱いも行っている。

9 三三九度（さんさんくど）

本来は一盃・二盃・三盃を3献ずつ、合計9献飲む儀式だったことから「三三九度」と呼ばれる。現在では新郎が一盃・三盃を、新婦が二盃を担当して合計3献で行うことが多く、「三献の儀」とも呼ばれる。お神酒を飲む際は2回口につけた後、3口目ですべて飲み干すのが作法とされる。

10 『抱きしめたい！』

浅野温子演じる独身のスタイリストと、浅野ゆう子演じる離婚寸前の主婦という幼なじみ2人を中心としたラブコメディ。主人公2人のおしゃれなライフスタイルは同年代の女性に熱狂的な支持を受けた。「トレンディドラマ」という言葉はこのドラマがきっかけとなり生まれたとも言われる。

Q11 高さ96.8mの鐘楼やドゥカーレ宮殿といった観光名所が面する、ベネチアの中心地となっている広場は何?

Q12 NHK『紅白歌合戦』で2008年から6年連続トップバッターで登場し、トップバッター回数1位の記録を持つ歌手は誰?

Q13 戦争と平和をテーマとして、海上自衛官の息子と海軍少尉の父親の姿を描いた、2013年に亡くなった作家・山崎豊子の遺作は何?

Q14 疑似科学から科学を区別する条件として科学哲学者カール・ポパーが提唱した、「ある理論が偽とされる可能性」を指す言葉は何?

Q15 往年の名作映画『シェーン』のラストで、有名な「シェーン!カムバック!」という台詞を叫ぶ少年の名前は何?

ANSWER

11 サン・マルコ広場

時計塔、サン・マルコ寺院、コッレール博物館などが面する。ベネチアの中でも海抜が低く、秋・冬の高潮時には冠水してしまうことでも有名。付近には他にドゥカーレ宮殿と牢獄を結ぶ「溜息橋(ためいきばし)」、大運河の最狭部にかかる「リアルト橋」、ベルディのオペラを多く初演した「フェニーチェ劇場」などがある。

12 浜崎あゆみ

2008年の『Mirrorcle World』から2013年の『INSPIRE』まで6年連続で登場し、トップバッター回数は連続・通算共に歴代1位。ちなみに、記念すべき第1回のトップバッターは『憧れの住む街』を歌った菅原都々子(すがわらつづこ)。出場回数最多は北島三郎の50回。

13 『約束の海』

『週刊新潮』で連載され、3部構成の第1部を書き上げた後の2013年9月に山崎が死去し絶筆となった。第1部では1988年に起きた海自潜水艦の海難事故「なだしお事件」をモチーフにした事故が描かれる。山崎の代表作は他に『白い巨塔』『不毛地帯』『沈まぬ太陽』『華麗なる一族』など。

14 反証可能性

1934年の著書『探求の論理』の中で提唱された。簡単にいえば、論理的に反論できる可能性が存在しない理論は科学とは呼べないということである。たとえば「すべての白鳥は白い」という主張は、黒い白鳥を見つけることで論理的に反論できるため、反証可能性を持つ科学的主張だと考えることができる。

15 ジョーイ・スターレット

『シェーン』はワイオミングの高原地帯を舞台に、アラン・ラッド演じる旅人シェーンの活躍を描いた、ジョージ・スティーヴンス監督の西部劇。ジョー、マリアン、ジョーイのスターレット一家にシェーンが一晩泊めてもらうところから物語が始まる。メインテーマ『遙かなる山の呼び声』も有名。

Q16
2016年の夏季オリンピック開催国・ブラジルが、前回のロンドン・オリンピックで最も多くのメダルを獲得した競技は何？

Q17
探偵事務所の共同経営者・バーニイの死後、独りになって最初の事件に挑む女探偵コーデリア・グレイの姿を描いた、P・D・ジェイムズの推理小説は何？

Q18
俗に「かかぁ巻き ととぅ切り」と言われるのは、江戸時代に家族で何を作っていたお店のこと？

Q19
「王冠を賭けた恋」としてセンセーションを巻き起こした、1936年12月にアメリカ人女性ウォリス・シンプソンと結婚するために退位した当時のイギリス国王は誰？

Q20
14種類全ての免許が記載されている運転免許証のことを、かつての免許証では所有する免許の欄に「1」と記されていたことから俗に何という？

ANSWER

16 柔道

ブラジルでの柔道は「コンデ・コマ（コマ伯爵）」の愛称で有名な前田光世の普及活動に端を発する。前田の影響を受けたグレイシー一族により生み出されたのがブラジリアン柔術である。ブラジル柔道界初のメダリストは、日本からブラジルに帰化してミュンヘン五輪に出場し銅メダルを獲得した石井千秋。

17 『女には向かない職業』

タイトルの「女には向かない職業」とは私立探偵のこと。コーデリア・グレイは初登場作品の本作と『皮膚の下の頭蓋骨』の2編にしか登場しないものの、その人気は高い。終盤ではジェイムズが生み出した名探偵の1人・ダルグリッシュ警部が登場し、重要な役割を果たしている。

18 刻みたばこ

江戸時代のたばこは葉たばこを細く刻んだ細刻みたばこが主流。当初は購入者が刻んでいたが、後にたばこ屋のおかみさんが巻き葉を作り、主人が専用の包丁で刻んで売るようになりこのように呼ばれた。江戸時代後期には徳島県で昆布刻み機に着想を得てカンナ刻み機が発明され、作業効率が上がったという。

19 エドワード8世

2度の離婚歴がある米国人女性を王妃に迎えるのは、当時の社会では到底許容されるものではなかった。ウォリス・シンプソンは同年の米TIME誌「マン・オブ・ザ・イヤー」に女性として初めて選出されている。後を受けて即位したのは、映画『英国王のスピーチ』の主人公にもなった弟のジョージ6世。

20 フルビット

かつての運転免許証では2進数（ビット）でそれぞれの免許の有無が表示されており、全ての免許を取得すると「1」で所有欄が埋まることから、その状態を「フルビット」と称するようになった。なお、全ての車種を運転できても、免許の取得順序を工夫しない限りフルビットにはならない。

Q21 日本の通常国会で「政府四演説」を行う4人の大臣とは、内閣総理大臣、外務大臣、財務大臣と何大臣？

Q22 1941年頃にオランダの精神医学者リュムケが提唱した、統合失調症の患者と相対したときに共通して感じられる言いようのない感情のことを何という？

Q23 「ニッポン〜ニッポン〜♪」のフレーズでおなじみのサッカー日本代表応援歌『VÁMOS NIPPON(バモ ニッポン)』。その原曲となった、カナダのロックバンドMen Without Hatsの楽曲は何？

Q24 京都市左京区の百万遍(ひゃくまんべん)交差点付近にある、日本唯一の金平糖専門店は何？

Q25 その卓越したデッキ構築能力から"Resident Geneius"の異名を持つ、2007年に日本人初のプロツアー殿堂入りを果たしたマジック・ザ・ギャザリングのプロプレイヤーは誰？

ANSWER

21 経済財政政策担当大臣

政府四演説は衆参両院で実施され、演説後には各会派代表者による「代表質問」が行われる。内閣総理大臣は施政方針演説、外務大臣は外交演説、財務大臣は財政演説、経済財政政策担当大臣は経済演説をそれぞれ行う。経済財政政策担当大臣は内閣府特命担当大臣の一つで、経済財政諮問会議などを管轄する。

22 プレコックス感

その名称は統合失調症の以前の呼称「早発性痴呆（dementia praecox）」に由来する。専門家だけでなく一般人も共通して体験する普遍的な感情であるとされており、リュムケはプレコックス感を重要な診断基準としたが、主観的な基準であり相互検討が困難なことから批判も多い。

23 *Pop goes the world*

『VAMOS NIPPON』は、サポーター集団「ウルトラス・ニッポン」が作り出したチャント（サッカーの応援歌）。"Vamos"は「さあ行こう」といった意味のスペイン語。Men Without Hatsはアイヴァンとステファンのドロスク兄弟を中心として結成され、80年代に活躍した。

24 緑寿庵清水

1847年に初代・清水仙吉により創業され、現在は4代目・清水誠一と5代目の清水泰博が金平糖を作っている。「金平糖」はポルトガル語の「コンフェイト（砂糖菓子）」に由来。百万遍交差点の「百万遍」は、後醍醐天皇の闘病に際して当時の僧が百万遍「阿弥陀仏」を唱えたことにちなむ知恩寺の異名。

25 藤田剛史

マジック・ザ・ギャザリングは1993年に数学者リチャード・ガーフィルドが開発した世界初のトレーディングカードゲーム。プロ制度が整備されており、年間の賞金総額は1億円を超える。藤田は2001年に日本人として初めてプロツアー（世界大会）で決勝進出を果たすなど黎明期から活躍する古豪。

「この私が……負けただと……!」
　膝から崩れ落ちていくクイズ王。TQCの、日本の、世界の頂点は、今正に破られた。
　好きにするがいいと頭を垂れた安達の、ぽっかりと開いた頭の穴に、君は最後の一本となったネジを嵌め込んでいく。ネジは持ち主の所へするすると帰っていく。
　君は物語が終わっていくのを感じた。そして、少しだけ、本当に少しだけ、寂しくなったのだった。

「出題者より」

「ラスボス役」という依頼を受け、読者正解率が0%や100%の問題はないように、そして様々な角度から多面的な知識を問えるように、意識して問題群を編みました。前半で6割正解できる方や後半で1問正解を出せる方は少なくないかもしれません。では、前半で満点、後半で6割正解をボーダーとしたら…どうでしょうか? クイズ王に必要なのは、隙のない森羅万象に対する知識。 この25問は、それを問うているのです。

　これで君は東大クイズ研の会員ども総勢17人を倒し、全てのネジを戻したことになる。
　200ページを超える、長い長い道のりであった。
　時に不可思議で、時に難渋で、時にラディカルなクイズ達に立ち向かうこと、勝てないかもしれない相手に挑むことは、勇気が必要なことである。
　しかし、君は成し遂げた。
　それを誇りに思うことを、会員一同願う次第である。

【エンディング】

　大暴れの末荒廃したかつての部室に、クイズ王・安達が1人座して、辺りを見つめている。
　ネジが締め直され、自らの行いを冷静になって見つめ返した安達。大暴れなどの軽薄な過去の行動を恥じ、拳を握りしめて、ぽつり呟く。
「TQCは……これからどうなっていくのだろう」
　部室の扉が頓に開け放たれた！
　そこに居たのは片渕と、3人の男であった。
「TQC四天王を連れてきたよ。」
「TQC四天王？」
「東大クイズ研の官能基、廣瀬」
「今日も薔薇は美しい……」
「二日目の二日酔い、伊沢」
「オゲゲゲゲゲゲ」
「カレー大好き、武富」
「そんなことよりおうどんたべたい」
「そしてハイパースペシャルアルティメットナイスガイ、この僕片渕です」
　四天王はつかつかと室内に入ってくる。
「何しに来たんだ……件の大暴れでTQCの世間的評価はガタ落ち。もう、お終いなんだ。現に会員は皆正気に戻った途端私から離れていった」
　嘆く安達に、片渕が優しく語りかける。
「安達さん。決して僕は安達さんを見捨てたりなんてしません、そして」

片渕はドアの方を振り返り、叫ぶ。
「皆も、そうでしょう！」
「「「おう！」」」
　部室の入口からの返答は、12人の会員の心からの喚声。
　片渕は言葉を続ける。
「安達さん。TQCは再建できます。だって、一番大切なことを忘れていないから」
　片渕は笑う。
「それは……一体何だい？」
　セリフこそ疑問形であるが、安達もその意図に既に気づいている。思わず笑みを零してしまう。
「では、新生TQCの発足を記念致しまして、全員で宣誓しましょう」
　しっかりおいしいトコロを持っていく片渕。
「ほら、君も」
　最大の立役者は、もちろん君だ。
「では、ご唱和ください」
「「「クイズって、楽しい！」」」
　ネジが外れても忘れなかった、ただ1つの《想い》。
　その《想い》を胸に秘め、今日もTQCは前に進む！

〜おわり〜

【あとがき】

　さてさて。ネジを巡る東大クイズ研の面々の喜劇、お楽しみ頂けたでしょうか。

　本文中では幻影使いあるいはスライムとして登場致しました、東京大学クイズ研究会・河村拓哉と申します。

　本書は、まず「類書のない無二の存在たること」を第一目標とし、兎に角「斬新さ」を追求する一方、欲張りにも「クイズの門戸を広げる」使命を果たすべく生まれたものであります。

　先進性については作問者を前面にプッシュし、各人が持つ個性の最尖端の発露を以ってそのアピールとしました。TQCの過去3作品は粒ぞろいのクイズこそ揃えましたが、製作者の個性という点においては混淆としておりました。今作ではこの状態を打開し、十余名の「クイズ作家」が織り成すアンソロジーとして編集を行うことで、特色が相殺され得ない状況を生成し、新規性を確保できたものと自負しております。

　もう一点、クイズ初心者への配慮としまして、これも斬新さに大いに加担するのですが、ストーリー部分の設置を行いました。物語の配置は紙面を必要とし、掲載問題数の低下という形で読者の皆様に不利益を齎しうるものです。しかし、難易度の高いクイズが多い本書においてただ「問題の羅列」という形を取ることは、「クイズ初心者お断り」の旗印に他なりません。たとえ答えが分からなくても、「クイズは楽しい」ということを伝えるためには、ページを進めるためのガイドラインたるストーリーが必須との判断に至りました。

　となれば、必要とされるのは「斬新、かつページを捲りたくなるストーリー」です。各作問者の個性を大げさに、時には誇張さえ織り交ぜつつ綴った文章内容と、思いつく限りのパロディやウィットを埋め込んだライトノベル然とした文体を以ってその奇譚を執筆しました。如何でしたでしょうか。

　実は本書のストーリー部は殆どが私・河村の拙文であります。それどころか、基本コンセプトの策定、出題者の順番、

キャラ設定や写真に映る衣装まで河村が責任を負うべき範疇にあります。このワンマン体制は、私自身の「思い切ったことをやるためには、その責任の矛先は全て自分に向いていなければならない」という確信によるものです。世に出したい、世に問いたい本があった私は、問題の有った場合にはサークルを去るという覚悟で演出という立場に立候補し、TQCの皆はそんな私を承認して下さいました。先輩を扱き下ろし、同輩を辱め、後輩をコケにする描写が散見されるような内容を執筆したにも関わらず、未熟な私を信じ、赦し、剰え応援してくださった会員の皆様には頭が上がりません。この場を借りまして、篤くお礼申し上げます。本当にありがとうございます！　さらに、本書の出版に踏み切った勇気ある出版社・データハウス社の担当の中村様、社長の鵜野様にも、最上の感謝、及び敬意をここに表します。

　実はまだ本書の内容はここまででは片手落ち。次ページ以降に、クイズの基礎、及びTQCに関する用語のまとめをコラムとして掲載致します。これは先程も申し上げた「門戸を広げる」ことに当たる、クイズに興味はあるけれど詳しくはないという方の興味を補完する内容であります。末筆のコラムではありますが、本書のクイズ部分と同様に、吟味を重ねて読む価値のあるものを作り出せたと自負しております。是非御笑覧ください。

　最後になりましたが、ここまで本書を投げ出さずお付き合い頂いた、選ばれし読書の皆様にこの上ない感謝の心を。この本が含むあらゆる知識が、貴方を永遠に加護することを誓いまして、感謝の辞と代えさせて頂きます。

　そして、もう少しだけ続く「幻影」にお付き合い頂ければ、これ以上の喜びはありません。

乱文失礼　「幻影使い」こと河村拓哉　拝

用語集

〈クイズ基礎編〉

　初学者に対する分かり易さのため、ざっくりとした記述を行った。クイズ用語は長年定義されることなく実地的に使用されてきたため、各人による用語の感じ方も様々である。従って、下記の内容は決してクイズプレイヤー全体のコンセンサスを得たものではない。
　早押しクイズを念頭に執筆を行ったが、クイズには複数の答えが存在する「多答」を始めとして無限の形式・ルールが存在することを記しておく。

【早押しクイズ】

　専用の早押しボタンを用い、ボタンを押すことで解答の意思表示をするクイズ。一般に最も早くボタンを押したものが解答権を得る。

【難易度】

　クイズの難しさを表す指標。その定義は万全ではなく、各人の主観に依るところが大きい。

【正解率】

　クイズの難しさを表す指標。明瞭に数字で示される一方、得てして主観に背く結果が得られることがある。調査した母体にも注目すること。

【ベタ問】

　頻出問題のこと。難易度が高くとも正解率が高い傾向がある。

【グロ問】

　恐ろしく難しい問題のこと。答えが分からないことに留まらず、問題文の意味すら解せないこともある。

【スルー】

　特に早押しクイズにおいて、クイズの答えが分からないなどの理由から、誰も問題の解答権を得なかったこと。

【長文】

　問題文の長いクイズのこと。一般により深い知識を要求する。

【短文】

　問題文の短いクイズのこと。一般に一瞬一文字を争う素早い早押しが必要とされる。

【指問】

　全員が同じタイミングでボタンを押す問題のこと。

【スラッシュ】

　問題の文章の中で、どこまでが読まれたかを示す記号、及びその位置。

【青問】

　アニメ・ゲームに関する問題のこと。ゲーム「クイズマジックアカデミー」に

おいて同ジャンルのイメージが青色であることに依る。

【時事】
　最近の出来事に関する問題のこと。科学の新発見から芸能人の訃報まで幅広く出題される。対策しやすいが、継続的な知識の更新を必要とする。

【当日問題】
　日付問題とも。当日の日付に纏わる問題。時事と同じく対策しやすい。

【ネタ問】
　ギャグとしての面白さを重視した問題。

【パラレル】
　いわゆる「ですが」問題。並列ないし対比される2つの事柄を題材とした問題が多い。問題の先読みが要求される。3つの事柄が並立される「3パラ」と呼ばれる形式も存在する。
　例：金閣寺の創設者は足利義満ですが、銀閣寺の創設者は誰？　―足利義政

【振る】
　パラレルが前半部から後半部へ移行すること。上記の例題では金閣から銀閣へ「振っている」。

【m○n×】
　m回正解で勝ち抜け、n回誤答で失格となるルールのこと。中でも7○3×は「王道のルール」と称される。ちなみにm○n休と言った場合、誤答時のペナルティはn問の間、解答権剥奪である。

【誤答罰】
　誤答に与えられるペナルティのこと。例えば7○3×では誤答3回に対して失格という誤答罰が課される。

【ペーパークイズ】
　紙、あるいは単にペーパーとも。解答を解答用紙に記入する、学校のテストに近い形式のクイズ。現状膨大な人数が等価な条件でクイズをプレイできる最も簡単な形式である。

【ボードクイズ】
　ボードに記入して解答するクイズ。一般に早押しボタンは使用しない。

【早押しボード】
　早押しクイズとボードクイズの合いの子。ボタンが押された時点で全員がボードに解答を記入する。早押しでの解答は点数の面においてハイリスクハイリターンに設定されている。

【もう1回】
　答えが惜しい場合に宣言される。もう1度、若干違う修正した答えを言い直すことが出来る。

【聞こえませんでした】
本当に聞こえなかった場合に宣言される。もう1度同じ解答を言わなければならない。

【ウイニングアンサー】
優勝者の勝利を決定せしめた問題の答えのこと。

〈TQC 編〉

【TQC】
東京大学クイズ研究会の略称。

【単位取得企画】
新歓期に行われる、上回生が教官に扮して行うクイズ。大学の単位とは一切の関係が無い。

【TQC 杯】
新入生が初めて行う共同企画。冬合宿で行われる。新入生のメッキが無残にも剥がれ落ちる場でもある。

【早押しチャンピオンシップ】
TQC最大の部内杯。優勝すると世界最強のサークルの中の最強である「実質世界一」の称号が得られる。

【FM記念】
TQC杯、早押しチャンピオンシップと並ぶ「TQC三大大会」の1つ。不定期開催。

【完封】
用意した全てのクイズがスルーとなること。ゲームとして成立していない状態だが、面白いクイズを作っている限りにおいては、「誰も知らない新事実を沢山発見した」ことから賞賛される場合もある。

【すごひゃく】
好評発売中『東大クイズ研のすごいクイズ500』の愛称。全問題に解説を附した丁寧なスタイルが特長。

【ぽんいち】
大好評発売中『東大クイズ研 日本一のクイズ』の愛称。会員8人との模擬早押しバトルが楽しめる。

【みのぽん】
超好評発売中『東大クイズ研 世界一のクイズ』の愛称。索引の導入により機能性が飛躍的に増した。この愛称はTQCにおいて「実質世界一」のタイトルを手にした偉大なる先人への献名である。

【源泉掛け流しクイズ】
TQCの発明その1。クイズを「成文化」から解放した新たなるクイズ形式。各

種用語集の内容を、タイトルを伏せ読むことでクイズとしたもの。クイズ製作における問題文の成文化という工程を飛ばしたことに相当する。このクイズに用いる書籍などのことを「源泉」と呼ぶ。

【学習用】

TQCの発明その2。クイズに特徴的な文体を利用した、強烈な想起性を持つ詩。クイズではなく、あくまでも「詩」である。発表時にはあまりのセンセーショナルさからクイズ界を震撼させた。Twitter (@qnonsense) を主な発表の舞台として鋭意活動中。

例：代表作に『夢への卒業』や『希望満ちるとき』がある、1967年に木村秋雄らと共に落胆主義を唱えたことで知られる画家は誰？

詩であるため当然そのanswerは存在しない。上記の例文においては、解答者に向けて疑問文を放つというクイズ特有の性質が、読者の頭の中に架空の画家の存在を思い描かせる。これが学習用の持つ想起性の正体であり、面白さの1つである。

【解放】

「……そうだ、源泉掛け流しはクイズを問題文から解放し、学習用はクイズを解答から解放した。そうだ、クイズはもっと自由でなければならない。クイズはもっと自由でなければならない」

会員が集まり繭々とした雰囲気の部室の中で、幻ონ使い・河村だけが壊れたスピーカーのようにセリフを吐く。そのあまりの不気味さに、会員の雑談の声も次第に小さくなっていく。

「陋習を排斥せよ。クイズはもっと自由でなければならない。旧態を啓蒙せよ。クイズはもっと自由でなければならない。個性を咆哮せよ。クイズはもっと自由でなければならない」

部屋の中央で、河村は淡々と演説を続ける。その周りにはもはや、静けさだけが満ちている。

「……同じ思いを持つ友が欲しかった。だから、私は、君たちの頭のネジを外したのだ」

突然の黒幕宣言が、辺りを騒然とさせる。

「河村……君が、犯人だというのか」

問うたのは片渕。

「そうだ……。しかし、せっかくネジを外して自由な新風を吹き入れてやったというのに、元に戻すなどと貴様らは余計な真似をしてくれたな」

黒幕は、片渕を、そして君を睨めつける。

「そして、君は1つ間違いを犯している。せっかくだ、真実を教えてやろう。……河村なんて人間は、最初から居なかったのだよ」

セリフの終わりと共に、黒幕の身体の表層が、朽ちたコンクリートのように瓦解する。中から現れたのは、真っ白いトーガを纏った、別の男であった。

「この通りだ。最初から河村は河村ではなかった。一緒にクイズをしただろう？共に笑いあっただろう？ 全て嘘だよ。私の本当の名は……白須だ」

白い布を纏った黒幕――白須は、実につまらなさそうに、かつケタケタと笑う。

「私の目的は、東大クイズ研の会員のネジを外し、自由なクイズを作らせることを以って、クイズを自由にし、また同じ思いを持つ仲間を造り出すことだった。お前たちは良くやってくれた。難易度が暴れ、個性が暴れた。今までに無かったジャンルも拓かれた。すばらしい。だが……、邪魔が入った」

白須の眼球だけが運動し、君を見つめる。

「大誤算だ。結局私自身が表舞台に立つ羽目になった」

ゆっくりと歩を進めながら、黒幕は宣言する。

「TQCの会員達よ、クイズを縛りし者達よ。ネジを戻せし者よ、自由を棄て去りし者よ。これは宣戦だ。最後の勝負を始めよう」

―― 我ガ革命未ダ成サレ得ズ ――

黑幕

last.
(315)

會員番號 無シ

科学から空想へ

白須結人

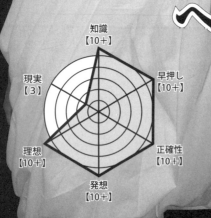

- 知識【10+】
- 早押し【10+】
- 正確性【10+】
- 発想【10+】
- 理想【10+】
- 現実【3】

これが理知の光

　TQCの最長老にして、皆の頭からネジを吹き飛ばした黒幕。数多の会員が入会しては去っていくのを、ただ見続けていた。「私と永く語り続けられる友はいないのか」――涙が頬を伝う。そんなある日、突如として閃いた――友達は、「作るもの」だと。《そうだ洗脳、しよう》

黒幕 白須結人

Q1 1920年に発行されたパンフレット『共産主義における「左翼」小児病』において、レーニンがトロツキーを非難するのに初めて使用した用語で、ソ連共産党が永続革命論に代表されるトロツキズムを指した蔑称(べっしょう)として用いたのは何?

Q2 コミンテルン第7回大会で国際共産主義運動の戦術として採用され、フランスやスペインでは実際に政権を獲得している、1930年代のファシズム台頭に対抗して形成された反ファシズム統一戦線運動のことを何という?

Q3 第2回大会において、井手らっきょ・ビートきよしを標的に初めて行われた、『ビートたけしのお笑いウルトラクイズ』に登場した人気企画で、名称とは裏腹にその実態は「クイズ」ではなく単なる「ドッキリ企画」であったのは何?

Q4 ゾンカ語で「唐辛子」と「チーズ」を意味する言葉をつなげたものであり、その名の通り唐辛子をチーズで煮込んで作る、ブータンを代表する国民的料理は何?

Q5 自ら隊長を務めるアリティア宮廷騎士団を率い主人公・マルスを補佐する、ゲーム『ファイアーエムブレム 暗黒竜と光の剣』に登場する老パラディンで、同シリーズに登場する「序盤のお助けキャラ」の代名詞的存在であるのは誰?

ANSWER

1 極左冒険主義

社会革命を成功に導く諸条件の分析や、大衆の支持を獲得する努力を行わずに、徒 (いたずら) に暴力革命を目指す点が論難された。これに対しトロツキー陣営は、主流派を「右翼日和見 (ひよりみ) 主義」であると反撃している。日本では1950年代に、分裂状態にあった日本共産党の一セクトが展開した「火炎瓶闘争」が有名な事例。

2 人民戦線

当初コミンテルンは、ファシズムへと導く敵として社会民主主義を第一の攻撃対象としていたが、フランスにおける反ファッショ勢力の結集が評価され、方針が転換された。これを受けてスペインでは1936年2月19日にマヌエル・アサーニャ内閣が、フランスでは6月4日にレオン・ブルム内閣が発足した。

3 人間性クイズ

当初の仕掛け人が実際の標的となる「逆ドッキリ」型式を取った回もあり、特に第5回でポール牧が上島竜兵に、第13回で出川哲朗が岡村隆史に逆襲されたシーンが、名場面として記憶される。レギュラー番組として最後の放送となった第19回では、司会のたけしが標的となりサウナに閉じ込められた。

4 エマダツィ

「エマ」が唐辛子、「ダツィ」がチーズを意味する。他の食材を加えたバリエーションも存在し、たとえばジャガイモを加えると「ケワダツィ」、キノコを加えると「シャムダツィ」と呼ばれる。ブータンへの唐辛子の伝来は18世紀と考えられており、現代ではスパイスではなく野菜として広く用いられている。

5 ジェイガン

マルス達の後日譚 (ごじつたん) を描いた『紋章の謎』第2部では、一線を退き軍師役となった。ゲーム開始時から操作できるキャラクターとしては高い能力値と良い装備を有する一方、成長率が低く中盤までには力不足となる傾向にあり、「プレイに使用されず二軍落ちが確定的なキャラクター」の代名詞的存在ともなっている。

黒幕 白須結人

Q6 1990年にゴルバチョフがソ連に新設された大統領職に就任すると、副大統領に就任したソ連の元政治家で、同職にあった1991年8月19日、改革を進めるゴルバチョフに対してクーデターを起こすも失敗し、ソ連崩壊を決定づけたのは誰？

Q7 アレックス・コックス監督の映画ではエド・ハリスが彼を怪演している19世紀アメリカの冒険家・海賊で、1855年に傭兵としてニカラグア内戦に参加し政府軍の最高司令官に収まると、翌年には不正選挙により同国大統領に就任したのは誰？

Q8 晩年の2011年にはオリックス・バファローズに入団するも1勝5敗と成績は振るわなかった、1997年から5年連続2桁勝利を達成するなど、アジア出身選手として最多の通算124勝を挙げた、韓国人初のメジャーリーガーは誰？

Q9 短篇集『ブラウン神父の童心』に収録されている、全く疑いの外にあった郵便配達夫を犯人に配したG. K. チェスタトンの推理小説で、現在では「心理的要因で見逃される物事」を指すミステリ用語ともなっているのは何？

Q10 サイバネティクスや分子生物学など生物学の変遷に伴い、「自然」概念も社会的に再構築されてきたことを論じた、その書名には人間の境界にあたるキーワードが並べられた、アメリカのジェンダー論者ダナ・ハラウェイの代表作は何？

ANSWER

6 ゲンナジー・イヴァノヴィチ・ヤナーエフ

釈放後にはロシア国際ツーリズムアカデミーで歴史・国際関係部長を務めた。8月19日のクーデターを主導したのはヤナーエフの他、首相パヴロフ、国防相ヤゾフ、内務相プーゴ、KGB議長クリュチュコフら保守派7名。失敗後の24日には、共産党の解散とゴルバチョフ書記長の辞任が発表された。

7 ウィリアム・ウォーカー

自由派の都市レオンと保守派の都市グラナダの内戦に、レオン陣営として参戦。農業振興のための奴隷制復活などの政策を行ったが、商敵ヴァンダービルト財閥が肩入れした反政府軍に追放された。その後も「大統領」への野心は冷めやらず、1860年ホンジュラスに上陸したが、同地で捕らえられ処刑された。

8 朴賛浩（パクチャンホ）

大学在学中の1994年にドジャースと契約し、韓国プロ野球を経ずに直接MLB入りした。同チームでは野茂英雄（のもひでお）の1年先輩にあたる。全盛期には「コリアン・エクスプレス」の異名を取った速球派で、1998年アジア大会決勝では日本代表を7回1失点に封じ（試合は7回コールド）、韓国代表の優勝に貢献した。

9 『見えない人』【*The Invisible Man*】

「目の前の物が心理的に見逃される」テーマには『盗まれた手紙』『ボヘミアの醜聞（しゅうぶん）』といった先行例があり、「犯人が見えない」例としては『Xの悲劇』が有名。チェスタトンは保守主義・カトリシズムの立場から浩瀚（こうかん）な著作を残したジャーナリストで、『異端者の群れ』『人間と永遠』などの代表作がある。

10 『猿と女とサイボーグ』

生物学は「人間の自然／本質を明らかにするもの」を僭称（せんしょう）し、フェミニズムの前に幾度も立ちはだかってきた。本書はこの生物学決定論や、それに潜む男性原理に批判を加えたフェミニズム科学論の名著。収録論文の内でも特に「サイボーグ宣言」は、後の「サイボーグ・フェミニズム」に決定的影響を与えた。

Q11
L. acidophilus、*L. casei*、*L. fermentum* などを主体とするグラム陽性桿菌の一群で、膣上皮から分泌されるグリコーゲンを分解して膣内腔を酸性に保つため、健常な膣内にはこの細菌のみが棲息しているのは何?

Q12
1998年に初版が、2009年には最新の第3版が発表された、ゲノム分析に基づいた新しい被子植物の分類体系のことを、これを主宰した国際プロジェクト「被子植物系統発生グループ」の頭文字から何という?

Q13
ドイツ語"Zauberkugel"の訳である、パウル・エールリヒが提唱し、その後の抗生物質開発の基本指針となった、「人体へ害を与えずに病原体・毒素のみを攻撃する物質」を表現した言葉は何?

Q14
分野別の『人物レファレンス事典』や日本最大規模の雑誌記事データベース「magazine plus」など、広範な分野における事典・目録・データベースの製作で有名な出版社は何?

Q15
ファインセラミックや半導体の原料となる「炭化ケイ素」の製造を日本で唯一行っている、昭和30年代以降50年以上に渡り、九州電力に代わって屋久島全土に対する電力供給を行っている化学企業は何?

ANSWER

11 デーデルライン桿菌

名称はドイツの産科医アルベルト・デーデルラインに由来。ラクトバチルス属に含まれる乳酸菌で、学名のLはLactobacillusの頭文字。腟上皮のグリコーゲン分泌はエストロゲンの作用によるため、閉経後のエストロゲン欠乏状態では酸性環境が崩れ、自浄作用が弱まり細菌感染を起こしやすい。

12 APG体系

"Angiosperm Phylogeny Group"から。従来用いられた新エングラー体系やベンサム=フッカー体系、クロンキスト体系は、主に花の形状に注目して系統関係を推定した。これに対しAPG体系は、葉緑体や細胞核のゲノム情報を根拠に、ミクロ視点から実証的に系統関係を定めようとしている。

13 「魔法の弾丸」

エールリヒが開発した梅毒特効薬・サルバルサンが典型。彼は19世紀末以降、特定の毒素と結合する「側鎖」の理論を研究しており、これが「病気の原因物質に特異に結合する化学物質」の発想へと結実した。なお、この語はヴェーバーのオペラ『魔弾の射手（*Der Freischütz*）』に倣ったものと考えられる。

14 日外アソシエーツ

1965年に日外ドキュメンツ貿易株式会社として設立され、当初は特殊技術資料の輸入販売を行っていた。他に、図書の内容情報まで踏み込んだ「BOOK」データベース（トーハン・日本出版販売・紀伊國屋書店と共同構築）や、図書館のレファレンス職員向け会員サイト「レファレンスクラブ」などを運営する。

15 屋久島電工

2003年データによると、総売上高のうち20％を売電事業が占める。ちなみに同社は発電のみを行い、送電は九州電力を含む1社3組合が担当している。結果として屋久島では他の地域とは異なり、発送電分離が達成されていることになる。また同島は、日本で唯一10電力会社に発電を依存しない地域となった。

黒幕 白須結人

Q16
1947年制定の旧警察法において日本に設置された2種類の警察組織とは、市と人口5000人以上の町村を管轄する自治体警察と、それ以外の地域を管轄する何？

Q17
衆院議長・星亨（とおる）や内務省衛生局長・後藤新平らの政府要人も渦中（かちゅう）に巻き込まれている、主君の不当監禁に抗議する錦織剛清（にしごりたけきよ）らが引き起こした1883年以降の一連の騒動を、当事者となった旧中村藩主・誠胤（ともたね）の姓から何という？

Q18
2011年以降は毎年5月に東京ビッグサイト・東ホールでの開催が定着している、総スペース数4000以上とオンリーイベントとしては日本最大級の規模を誇る、『東方Project』オンリー同人誌即売会は何？

Q19
IUPAC名を「(2S)-N-メチル-1-フェニルプロパン-2-アミン」という、1893年に長井長義（ながよし）によりエフェドリンから合成された化学物質で、一般的に「覚醒剤（かくせいざい）」と言う場合、多くはこの物質を意味しているのは何？

Q20
安楽死など生命倫理の文脈で用いられる例が多い、「もしもAを許容すれば最終的にBに至る。Bは道徳的に許容されない。従ってAを許容すべきではない」の形をした立論のことを、「最初の一歩を踏み出す」メタファーから何という？

16 国家地方警察

戦前の内務省警察が民主化政策に伴い解体されて誕生。当初、自治体警察は1605存在したが、51年の法改正では予算難から返上が相次ぎ415まで減少した。結局54年の全面法改正で、現在の都道府県警察・都道府県公安委員会が警察庁・国家公安委員会を頂く一元化された制度が確立された。

17 相馬事件

結局錦織は有罪判決を下されたが、萬朝報を始めとするジャーナリズムは事件をセンセーショナルに扱い、主君を謀略から救出する忠臣譚として大衆には消費された。一方精神医学史の観点からは、精神病者の警察による取締・私宅監置を定めた精神病者監護法制定への途を拓く結果となったと評価されている。

18 博麗神社例大祭

参加者の間では通例「例大祭」とのみ呼ばれる。2004年以降年1回ペースで開催され、2014年には第11回を数えた。第1回の会場は大田区産業プラザPiOで、このときのスペース数は僅かに100スペース、『Fate/stay night』オンリーイベント「魔術師との絆」と大ホールを分け合っての開催だった。

19 メタンフェタミン

先に合成されたアンフェタミン(1-フェニルプロパン-2-アミン)の窒素にメチル基が付加されたもので、共に覚せい剤取締法の言う「覚醒剤」にあたる。中枢神経刺激作用はメタンフェタミンの方が強い。かつて覚醒剤の代名詞的存在であった「ヒロポン」も、主成分はメタンフェタミンの塩酸塩である。

20 「滑りやすい坂道」論法

"slippery slope argument"の訳。「連続して変化するもの（たとえば白と黒）の間に明確な境界がない」ことを理由に、2種類のものを区別しない論法であるため、論理学上は伝統的に誤謬とされる。一方倫理学では、特に応用倫理学において実際の現象と主張されており、考察に値する。

黒幕 白須結人

Q21 「人類の共倒れを防ぐため、先進国は移民を禁止し、途上国を援助すべきでない」との極端な結論が特徴的な、アメリカの環境学者ギャレット・ハーディンが1970年代以降展開した環境倫理の類型は何?

Q22 ベトナム戦争の前史に当たる、1963年1月2日、南ベトナム政府軍と南ベトナム解放民族戦線の間に発生した戦闘で、両者間に発生した初の本格的戦闘であり、またヘリコプター5機を撃墜するなど解放軍が初の大勝を挙げたのは何?

Q23 小林よしのりの著作群に表れる慰安婦問題への認識を批判した、1997年に東方出版から刊行された上杉聰の著書で、同年小林による出版差止め訴訟が提起された際、「漫画における引用」の基準となる判決が下されたのは何?

Q24 専門は社会政策であり、社会政策は超越的な倫理ではなく資本主義の存立に必要な労働力の保全・培養を行う経済理論であると論じた経済学者で、1963年に東京大学総長に就任するも任期中に東大紛争が勃発、68年には同職を辞しているのは誰?

Q25 1937年パリ万博では金賞を受賞している、1934年9月にニュルンベルクで開催された第6回ナチ党大会の記録映画で、1936年ベルリン五輪の記録映画『オリンピア』と並び、レニ・リーフェンシュタールの代表作として名高いのは何?

ANSWER

21 救命ボートの倫理

比較的余裕のあるボートを先進国に、搭載過多で沈みそうなボートを途上国にたとえ、先進国が生き残るにはこれ以上途上国を助けるべきでないし、誰を助けるべきかも選べないと論じた。ハーディンの展開した議論としては、環境破壊を導く共有地を避け、土地の個人所有を肯定した「共有地の悲劇」も有名。

22 アプバックの戦い

アプバックはメコン川左岸の湿原地帯に位置する小村。5〜10倍に及ぶ兵力差や、米軍から提供された兵器の差を覆しての勝利であった。ケネディ政権は当初、南ベトナムのゴ・ディン・ジェム政権を支援して共産圏拡大を防ごうとしたが、同戦闘以降は米軍の直接展開へ向けて舵が切られたと評価されている。

23 『脱ゴーマニズム宣言』

同事件で小林は、差止めの論拠として「漫画のカットを無断複製した」など著作権法上の論点を挙げた。結果として引用の適当性が認められ、条件が満たされれば漫画のカットを著者の同意を得ずに引用できると示された。同書は高裁で改変と判断された1箇所を修正し、内容に変更を加えず販売されている。

24 大河内一男

経済学史上の著作『独逸(ドイツ)社会政策思想史』『スミスとリスト』や、日本の労使関係を読み解く概念として「出稼ぎ型賃労働」「企業別組合」を与えた業績もある。大河内に代わった総長代行・加藤一郎は、機動隊による学生の強制排除で秩序回復を図ったが、文部省は翌1969年の東大入試を中止させた。

25 『意志の勝利』【Triumph des Willens】

単なるドキュメンタリーに終始せず、効果的に映像を繋ぎ合わせている点において美術的評価も高い。特に、サーチライトで「光の殿堂」を夜空に浮かび上がらせたアルベルト・シュペーアの演出は世界を驚嘆させた。リーフェンシュタールは1933年党大会の短篇記録映画『信念の勝利』も製作している。

ただ、ただ呆然と立ち尽くす白須。
　敗北、即ち自らの革命の明白な失敗が、その肢体に純然たる事実として重くのしかかる。
「私が……何を間違えたと言うのだ」
　掌上の光球が、篝火が燃え尽きるように力なく消えていく、その様は、あまりにも惨めで、君は目を背けた。
「白須さん。やりすぎたんです。それだけです」
　片渕の声は、果たして届いているのだろうか。

「出題者より」

2014年春、データハウス社から「今回は毛色を変えた作品を」との提案を受けて誕生したのが本書です。編集会議で「悪の枢軸TQC」案が採択されたと知った時には提案者の正気を疑いましたが、なんとか形になったのではないでしょうか。
ただ「毛色の違う」と言いつつも、問題パートに関しては大人しいなと認識しておりまして、次の機会には更にラディカルなものをお届けしたいと思っているのですが、さてどうなるでしょう。

「これはね、《復讐》なんだよ」
　白須は、誰に語りかけているのだろうか。
「私の薄汚い心臓を見るがいい……。TQCに9年在籍した結果が、このざまだよ」
　白須の胸元に亀裂が走る。溢れた鮮血の中に見えたのは、脈動する、黒い心臓だった。
「クイズに自由を。そして、クイズを縛る遍くものに、死を。私は、そのために生きた」

STORY

　白須の胸の裂け目から血液の次に溢れだしたのは、紫色の粘液であった。その粘性体は、白須の体を覆うように広がっていく。
　やがて、白須の体は、自らの生み出した紫色のそれに完全に呑まれてしまった。君はただそれを見ることしか出来ない。
［やァ……私が姿を見せるとはネ……］
　白須の体を乗っ取った不気味な色の物質が、嗄れ声で喋る。
……白須ではない？
［私は深淵、《漠く昏い深淵》ダ。クイズと共に生まれ、クイズと共に死ぬものダ。自然の理が乱れたのを察知シタ。だから、この世界を終わらせることにしたんだヨ］
　突如として宣告された世界の終焉。会員がざわつく。
［頭のネジを外すことは、明確な神への反逆ダ。その首謀者は既に私に呑まれ、正気を失ッタ。だが、罰はそれだけでは甘イ。その罪を以って、この世界全体を終了サセル］
　汚い色の流体が、世界を呑まんとして展開されていく。

「私が説得します、言葉が通ればどうとでもなる」
　真っ先に飛び出したのは弁士・西川。パワーポイントを多用しながら、世界を滅ぼしてはいけない理由をプレゼンしていく。
［良かろウ。3分間待ってヤル］
　西川の活躍により、我々は貴重な3分間を得た。ここぞとばかりに、会員一同攻撃の体制に移行する。

「一肌脱がないわけにはいかないですね」
　そう言いつつ《深淵》を4本の腕で後ろからしっかりホールドする、巨人・武富！
「武富くん、ナイス！」
　押さえつけられた《深淵》の顎に、スポーツマン・近藤の強烈な右アッパーが炸裂する！

> 漠く旨い深淵

「私のー、専門はー、植物学ー!」
　マッドサイエンティスト・谷垣は怪しげな《クスリ》を貴公子・廣瀬の薔薇に振りかけていく。瞬く間に薔薇は巨大な大蛇と見紛うほどに巨大化し、蠢きだす!
「キレイな薔薇にはトゲがあるものさ」
　そう言いながら薔薇を操る廣瀬。無数の棘が、《深淵》を貫いていく!

「ワタクシの支援魔術が受けられること、ありがたく思いなさい。日頃ならありえない」
「元気に帰れるといいのぉ」
　黒魔術師・森と隠者・金岡が、悪鬼・伊沢に補助魔術をかけていく。　元気100倍だ!
「よっしゃあ、暴れるぜ!　覚悟しろよ、《深淵》!」
　場外乱闘に繰り出す伊沢。酒の臭いが辺りを包む!

　しかし、会員の猛攻を受けつつも、《深淵》に一切のダメージは見られない。粘液があらゆる攻撃を吸収し、萎えさせていくのだ。
[待ったゾ。それでは世界を終わらせよウ]
　粘液が重力を無視して空中に展開される。そしてそれは渦を巻きつつ、幾条もの鋭い矛となり、君に襲いかかる!　君は素早いこの攻撃に対応出来ない!

「君すらも護れるようにと、言ったはずだ」
　この攻撃を受け止めたのは、騎士・櫻井!　そして、
「俺の右手は、このためにある!」
　櫻井を狙う攻撃は、努力家・鈴木の右手が残さず撃ち落とす!

　しかし、世界を終わらせるべく放たれる猛攻は、そう簡単に防げるものでは無かった。

STORY

「アァァァアァァァァ♪」
　しっぽ・間明の身体に矛が突き刺さる。そのまま間明は、量を増していく液体たる《深淵》に飲み込まれていく！
「やむを得ない。今まで顔ばかりでしっぽを剥いだことは無いが……。その遺志、貰い受ける！」
　高口が間明の自慢のしっぽを剥ぎ取る。そして、切り取られたしっぽは君に託された！
「継いでやってくれ。命より大切なものだ」
　《深淵》の粘液の表面で溺れながら、間明も最後に一矢報いる。
「呑まれかけて分かった♪　これは白須さんの体温♪　《深淵》なんて嘘、これは白須さんそのもの♪」
　言い終わるや否や、間明は泥水の奥底へと連行されていく……。

　時同じくして、辺りでも会員が1人また1人と《深淵》に破れ、呑み込まれ、取り込まれていく。

「……逃げましょう。我々では勝てない」
　片渕が君の手を引いて逃げようとするが、君は眼前に広がる惨状を目の当たりにし、恐怖のあまり立ち上がることすら出来ない。

「その恐怖も、僕のもの」
　君は突如として恐怖という感情を失った。だから、片渕と一緒に逃げ出すことが出来た。駆け出す直前に、異能・小澤の姿が少しだけ見えた。

「逃げるならこれを」
　画家・原から手渡されたのは美麗な地図。最も効率的な逃げ道が示されている。
「私は残って戦います。どうかご無事で」

「片渕！」
　誰かが片渕の名を呼ぶ。
　声の主は、クイズ王・安達であった。
「片渕！　どうやらここで今生の別れのようだ！　私が教えたクイズの《極意》、忘れていないだろうな」
「もちろんです、安達さん」
　片渕は胸に手を当て、しっかり安達の目を見据えながら答えた。表情には確固たる決意が滾っていた。
「そうか。ならもう言うことはない。行け！　……そいつは、絶対に守ってやれ」
　安達は最後に君を一瞬だけ見て、それから勝ち目のない戦いに身を投じていった。

　片渕は走る。君も走る。
　後ろを振り返らないように、走る。
　しかし、あらゆるものを飲み込み肥大化した、汚い色をした《深淵》は、すぐそこまで迫っていた。決して逃げられはしないのだ。
［片渕。最後のTQC会員はお前ダ。私が世界を滅ぼし、リセットするのに、最も邪魔な存在ダ］
《深淵》はなおも続ける。
［他の会員は全て私が取り込んダ。もはや誰も正気を保ってはいなイ］

　その言葉を聞き、片渕は歩みを止めた。そして呟く。
「……ごめんなさい。やっぱり、僕は一緒に逃げられません。僕も……TQCの一員なんです。大切な仲間なんです。たとえ白須さんの堕した姿だとしても、《深淵》を許すことはできません」
　片渕は君に、最後のネジ——片渕自身のネジを渡し、微笑む。

S T O R Y

「それに……僕も、これが外れたのを、十分楽しみましたしね」
　正義の味方は、自らの心を奮い立たせながら、巨大な敵に向き直る。
「《漠く昏い深淵》、いえ……白須さん。やり過ぎなんです。クイズが自由であるべきであることは否定しません。ただ、やり過ぎなんです。それだけでなく貴方は《深淵》という化け物を生み出し、戦後処理から逃げた」
　片渕は間明の思いたる《しっぽ》と、ポケットに入っていた《賢者の石》を手に取った。それらは光を発し融合、光の剣に変形する。
　片渕は勇ましく宣言する。
「何人ものTQC会員の人生を狂わせたこと、許しません！そして、逃げに走って世界やクイズを滅ぼすことも、決して許しません！」
　そして、彼の最後の言葉は、君に向けて、優しく。
「どうか、僕達のこと、忘れないでください」
　片渕は、もはや巨壁と見紛うほど巨大化した《深淵》に向けて駆け出し、光の剣を振るった。
　白須、そして《深淵》の唯一の弱点は「現実」。振るわれた光の剣からは、現実を照らす膨大な光が解き放たれる！
　それは偽物などでない、真の啓蒙の光である！

【クイズ勝負は心の勝負。《思い》の強さが力になる】

　数瞬の後、光が無くなり視野が開けた。君は辺りを見渡した。
　辺りには、片渕も、深淵も、他の会員も何も無く、ただ、いつもと同じ世界が広がっていた。
　全て幻だったのかもしれないな、と思いつつ、君は、手に持ったネジをそっと頭に当てがってみるのだった。

fin

索引

■《凡例》

- 数字、アルファベット・記号、50音の順に索引語を排した。
- カタカナの長音「ー」は無視して順に排した。
- 索引語に続く数値は頁数である。
- 索引語で出題の正解であるものは太字で強調した。
- 直接本文中に登場しないが、簡便のため総合的な索引語を排した例がある。

数字

10円カレー	161
112	164
13日の金曜日	91
1300（スニーカー）	116
「17才」	160
2円切手	51
70の法則	74
72の法則	74
730	26
730交差点	26
8月クーデター	233

アルファベット・記号

ABC（コンピュータ）	177
Amazon.com	88
APG体系	236
asami	140
AUG	105
BDP	44
Black Sabbath	112
Bonsai Kitten	168
「BOOK」データベース	236
C値パラドックス	138
Ceci n'est pas une pipe.	25
ch	121
Confoederatio Helvetica	121
DANCE☆MAN	37
dos	140
electricity	51
ENIAC	178
『E.T.』	117
F1	71
FA-MAS	105
『FINAL FANTASY Ⅳ』	123
FYROM	190
G-ロック	30
garden city	54
GUAM	188
His Master's Voice	76
HMV	75
JIS Z 8401	27
K-1 WORLD GP	188
Kaba.ちゃん	139
KINCHO	111
Kindle	117
KIRIN（俗語）	30
KUWAHARA BIKE WORKS	118
「LOVEマシーン」	37
magazineplus	235
Men Without Hats	217
MLB	85
NFL	85, 93
No Spectators	64
Oリング	204
『One Night Carnival』	133
PIZZA-LA	15
Please Mr. Postman	162
Pop goes the world	218
PPV	41
Purple Line	148
Resident Genius	217
SCAD diving	28
Seven Nation Army	44
SL9	55
SN1054	172
『STAR RISE』	40
Synodontis multipunctatus	118
Tactics	134
TDFK47	76
The Book Of Bunny Suicides	159
The National Art Center, Tokyo	122
TOJIN BATTLE ROYAL	142
『TRICK』	18
UEFAチャンピオンズリーグ	44
『VAMOS NIPPON』	217
W浅野	211
WWE	41
『YATTA!』	38
Yes, I know a number	15
Zauberkugel	235
ZORB	166
αβγ理論	114
IΧΘΥΣ	63
μ's	209

50音

「愛は霧のかなたに」	203
あいはらひろゆき	99
『青い夏』	18
葵上	122
『葵上』（能）	121
青島幸男	127
青天井	88
『赤き死の仮面』	80
アキュラホーム	135
アケバロイ	127
アサーニャ, マヌエル	232
浅田瑞子	211
朝のお菓子	73
浅野ゆう子	211
浅草神社外祭例大祭奉納大煙火	38
旭化成パックス	91
足利義材	171
足利義稙	172
芦ノ湖	68
足左	27
「蘆屋道満大内鑑」	102
あだちなみ	99
アタナソフ, ジョン	178
あと1人でノーヒットノーランを逃した	38
「あなたと違うんです」	85
アナ・マリア号	198
アノニマス	66
アブバックの戦い	240
アポロ計画	53
アマモ	55
アーミテージ, トーマス・ローズ	121
アムダールの法則	184
綾瀬	36
アラザン	49
アララト山	148
有島三恵子	159
有馬頼徳	196
アーリントン	85
アルカン, シャルル=ヴァランタン	106
アルハゼン	200
アルファ, ラルフ	113
『アルプス交響曲』	188
アルペンスキー	113
アローヘッド・スタジアム	94
アーロン, ハンク	172
淡路廃帝	124
あんこ入り☆パスタライス	39
『暗黒日記』	39
アンダーソン, ルロイ	102
アン・デア・ウィーン劇場	118
杏仁豆腐	12
アンフェタミン	238
アンブローズ, スタンリー	176
い（四股名）	16
飯田市	9
飯田修一	184
飯野山	142
家系ラーメン	210
イエス・キリスト	63
イオケ	50
壱岐島	74
イーグルス・ネスト	204
石井千秋	216
石田倉次	122
石川さゆり	134
意識分野のアインシュタイン	118
石黒浩	167
石手寺	195
『意志の勝利』	240
石丸謹二郎	109
「いじわるばあさん」	90
伊丹十三	111
一億総懺悔	192
一揆	93
遺伝病	201
糸電話	49
『イナズマイレブンGO』	147
稲垣	103
犬走り	98
イヌブナ	102
イノシシ	98
イパード派	196
伊福部昭	115
伊福部達	115
イブン・アル・ハイサム	200
今給黎教子	42
「イメージの裏切り」	26
イルリサット宣言	32
岩瀬牧場	109
インカルシベ	150
インド三大財閥	185
インドリ	66
インフォームド・コンセント	77
引用	239
ヴァーサ号	68
ヴァテール, フランソワ	114
ヴァナタス	67
ヴィシェグラード・グループ	188
「ウイスキーが、お好きでしょ」	134
ウィリアムズ, バーニー	164
ヴィンソン, カール	42
ヴィンソン・マッシフ	42
ウインチ	60
ヴェイユ予想	137
上погодоゲン	239
ウェスターマーク効果	72
『ウエスト・サイド物語』	12

ウェスパシアヌス …………198	オデュッセウス …………137,168	カロテン …………48
植村直己 …………197	音の匠 …………116	川上源彌 …………116
上山英一郎 …………112	オニオンズ, チャールズ・タルボット …………159	癌 …………165
ヴェルディ川崎 …………92	鬼検事 …………195	換羽 …………30
ヴォイテク …………66	小野寺浩二 …………129	関判 …………202
ウォーカー, ウィリアム …………234	小野妹子 …………14	寛永寺 …………153
鵜飼い …………14	オペラハウス (シドニー) …………114	「歓喜の歌」 …………162
うがい …………13	お遍路 …………195	カンザスシティ・チーフス …………94
ウカノミタマ …………104	お水取り …………135	元旦 …………10
ウズラ …………51	オメガトライブ …………136	乾漆造 …………162
有冬毛 …………162	オランダゲンゲ …………14	「乾漆八部衆立像」 …………162
ウッツォン, ヨルン …………114	オリガルヒ …………62	環状交差点 …………134
宇都宮市 …………26	「オリンピア」 …………239	感染症 …………103
うなぎパイ …………73	オルファ …………16	元旦 …………9
うなぎ屋さん …………14	オンカロ …………180	カント, イマヌエル …………94
馬跳び …………85	音速の貴公子 …………80	カンナ社長 …………136
海の道 …………89	「女には向かない職業」 …………216	寒の入り …………209
梅けうさぎ …………17	カイザーヴィルヘルム廠 …………140	上林春松本店 …………35
右翼日和見主義 …………232	「外政家としての大久保利通」 …………40	「がんばれ！ルルロロ TINY★TWIN★BEARS」 …………100
瓜ニつ …………86	甲斐善光寺金堂 …………73	「カンドゥランスの編」 …………180
ウルヌオル …………152	害虫 …………165	機械式計算機 …………186
運転免許証 …………215	怪物人種 …………127	貴公子 …………80
エアロゾル …………175	カエル (状態異常) …………124	剞劂みだはこ …………£10
「英国王のスピーチ」 …………216	かかぁ巻きとこり切り …………215	キジ料 …………52
衛視 …………106	科学と人間生活 …………54	疑似科学 …………213
エイトケン核 …………176	河況係数 …………152	氣志團 …………133
英文法 …………159	客星 …………172	奇跡のバックホーム …………41
エガオヲミセテ …………104	客星御座を犯す …………171	基礎所得 …………203
駅メロ …………79	覚醒剤 …………237	ギター界のロールスロイス …………115
エクリプス …………30	鍛冶真起 …………100	北島三郎 …………214
エシレ …………94	河状係数 …………152	キッシンジャー, ヘンリー …………156
エゾユキウサギ …………52	かしお …………98	キツネ …………97
子 (四股名) …………16	数の丸め方 …………11	「狐物語」 …………105
江戸川乱歩 …………79	「火星の砂時計」 …………153	基本点 …………88
「江戸名所図会」 …………87	風の樹 …………178	ギムレット …………24
択捉島 …………137	「風の谷のナウシカ」 …………138	キャットウォーク …………161
エドワード8世 …………216	華佗 …………202	羯諦 羯諦 波羅羯諦 波羅僧羯諦 菩提薩婆訶 …………192
榎本新吉 …………31	片目まつり …………38	キャプスタン …………60
エベレスト …………141	カタクリ …………55	キャラヴァンサライ …………164
エマダツィ …………232	カッコウナマズ …………117	救命ボートの倫理 …………240
エメラルド …………24	月山湖大噴水 …………163	キュウリ …………47
エメラルドカット …………24	葛飾北斎 …………167	ギュゲスの指輪 …………200
衛門三郎 …………196	カッターナイフ …………15	キュリー, マリー …………48
エリス島 …………174	カッパ (状態異常) …………141	崎陽軒 …………161
エルデシ数 …………156	加藤一郎 …………240	「共産主義における『左翼』小児病」 …………231
エールリヒ, パウル …………235	かなぎらし …………16	共有地の悲劇 …………240
遠距離恋愛 …………72	金沢市 …………26	狂乱の貴公子 …………80
遠近法 …………60	カナン …………106	極左冒険主義 …………232
円周率 …………16,154	かに座55e …………17	虚構新聞 …………188
「演奏会用練習曲『騎士』」 …………105	かに星雲 …………172	清沢冽 …………46
エンブラー, ジェイムズ …………72	カー=ニューマンブラックホール …………174	清水三年坂美術館 …………67
オアシスの道 …………90	彼女 (彼氏) いない歴 …………30	キーラ, ギャリソン …………129
オアマル …………199	「カバディ7」 …………130	ギリシア語とラテン語の混種語 …………46
桜花 …………164	ガーフィールド, リチャード …………218	「霧の中のゴリラ」 …………203
王国民 …………160	かぼちゃ …………98	銀色の折り紙 …………115
王子サーブ …………150	ガモ …………29,141	緊急地震速報 …………115
欧州チャンピオンズカップ …………44	ガモフ, ジョージ …………113	キングスクロス駅 …………110
王水 …………186	「かもめのジョナサン」 …………127	近代光学の父 …………199
オエシクアンペノ …………152	火薬陰謀事件 …………66	「金零」 …………111
オオカバマダラ …………54	ガラス電気 …………184	空気遠近法 …………60
大河内一男 …………240	ガラスの王様 …………127	偶接奇人 …………28
大杉栄 …………110	樺太 …………43	九条廃帝 …………123
大津磨き …………32	カリツケ研究所 …………203	グスタフ2世アドルフ …………67
大庭憲司 …………136	カリーニングラード …………152	クスティ …………175
大中恩 …………90	ガリレオ (探査機) …………56	葛の葉伝説 …………102
オーガニックチェア …………114	カーリング …………199	屈嘉 …………76
オクシモロン …………24	ガリンペイロ …………40	クッタ=ジューコフスキーの定理 …………184
オコジョ …………98	カール・ヴィンソン (航空母艦) …………42	「国造り物語」 …………90
押尾コータロー …………139	カルコゲン …………105	クーパー, カイル …………42
「おしん物語」 …………11	ガルダイヤ …………195	久保田雅人 …………36
オズボーン, オジー …………111	ガルバン, イスラエル …………130	クマ …………98
オズボーン, ローレンス …………138		「くまのがっこう」 …………99
おそるべき (バンド名) …………141		
小田切有一 …………104		
「オッドファーザー」 …………128		
オーディナリー …………124		
「オデュッセイア」 …………137		

熊本工業 ……………………………41	国際麻薬乱用撲滅デー ……………94	サルゴ, マーティン ………………78
グライシンガー, セス ……………136	国字 …………………………………149	『猿と女とサイボーグ』……………234
暗い太陽のパラドックス …………32	国会の警備 …………………………186	サルトル, ジャン=ポール …………156
クライトマン, ノーマン …………127	『ごくせん』…………………………18	参考記録 ……………………………75
クラウドノイズ ……………………166	国立音ノ木坂学院 …………………209	三鉄の儀 ……………………………212
クラヴ・マガ ………………………14	国立公園 ……………………………53	三三九度 ……………………………212
『グラバー図譜』	国立新美術館 ………………………122	サンタクロース ……………………26
グラバー, トーマス・アルバート	国立台湾博物館 ……………………115	サンタクロース村 …………………149
……………………………………200	国連麻薬閣僚会議 …………………94	『サンタクロースをいつまで信じて
グラバー, トーマス・ブレイク	五捨五入 ……………………………28	いたか』……………………………26
……………………………………199	ゴジラ …………………………………16	『サンデー毎日』……………………90
倉場三郎 ……………………………200	こちら側のどこからでも切れます	『サンドペーパー・バレエ』………102
グラハム島 …………………………190	……………………………………91	『算法少女』…………………………195
クラブの深夜営業規制 ……………141	『国家』………………………………199	三枚肉 …………………………………62
クラリッジホテル …………………136	国会の警備 …………………………186	サン・マルコ広場 …………………214
クリケット …………………………113	国家地方警察 ………………………238	三遊亭王楽 …………………………10
くりこみ理論 ………………………174	ゴッホ, フィンセント・ファン ……63	三遊亭好楽 …………………………10
グリーンブーツ ……………………142	コティー, ケイ ……………………41	サン・レミ ……………………………63
グレイアウト ………………………30	ゴ・ディン・ジェム ………………240	シアトル・シーホークス ……………94
グレイ, コーデリア ………………215	小藤文次郎 …………………………172	シウマイ ……………………………161
呉 ……………………………………11	後鳥羽上皇 …………………………124	ジェイガン …………………………232
クレタ島 ……………………………67	『後鳥羽天皇像』………………………62	シェイプト・キャンバス ……………66
クレーム・シャンティー …………114	コノハムシ …………………………174	ジェイムズⅠ世 ……………………65
黒川耀雄 ……………………………43	琥珀 …………………………………52	ジェイムズ, P・D …………………215
クロスロード作戦 …………………140	小林一知 ……………………………154	ジェノイド …………………………168
グロタンディーク, アレクサンドル	小林隆男 ……………………………118	『シェーン』…………………………213
……………………………………138	小林よしのり ………………………239	シェーン, ヘンドリック ……………178
『クロノ・モノクローム』…………124	コピミズム伝道教会 ………………192	塩場博 ………………………………80
クローバー …………………………14	ゴフェル ……………………………148	栞 ……………………………………152
クローバー, アルフレッド ………111	コープランド=エルデシュ定数 …156	子夏 …………………………………121
黒匪巾組 ……………………………130	五文型 ………………………………160	シカーダ, エマヌエル ……………118
クロミズム …………………………147	ごまをする …………………………86	色即是空 空即是色 …………………192
クロムハーツ ………………………212	コミンテルン ………………………231	シクウォイア …………………………125
黒柳朝 ………………………………40	小室哲哉 ……………………………139	シークバー ……………………………60
黒柳徹子 ……………………………40	コーラック …………………………9	重松清 …………………………………212
訓民正音 ……………………………156	コリアン・エクスプレス …………234	シゲル …………………………………104
蛍光灯 ………………………………13	コルヴァトゥントゥリ ……………150	地獄めぐり ……………………………12
鯨骨生物群集 ………………………24	コルニチョーネ ……………………30	『自殺うさぎの本』…………………160
経済財政政策担当大臣 ……………218	ゴルバチョフ, ミハエル・セルゲー	四捨五入 ………………………………28
警察組織 ……………………………237	エヴィチ …………………………233	自告 …………………………………127
結婚指輪をハンマーで叩き割る …72	「これはパイプではない」…………26	史上最高のバッツマン ……………113
ゲートウェー・アーチ ……………113	コロッセオ …………………………197	閑さや岩にしみ入る蝉の声 ………211
ケナシヒレナガチョウチンアンコウ	コロン ………………………………133	死体農場 ……………………………190
……………………………………156	混結語 ………………………………26	ジダーノフ批判 ……………………183
ゲノムサイズ ………………………137	コンセイユ・デタ …………………40	自治体警察 …………………………237
ゲマラ ………………………………153	『昆虫記』……………………………109	七福神 ………………………………12
慶良間諸島 …………………………54	コンディリス, コンスタンティン …78	子張 …………………………………121
慶良間は見えてもまつげは見えぬ	金平糖 ………………………………217	シチョウ ……………………………149
……………………………………54	西行 …………………………………141	シチョウアタリ ……………………150
ケールシュタインハウス …………204	最近接偶数への丸め ………………28	ジッグラット …………………………110
ゲルステンザング, レオ ……………44	サイコオンコロジー ………………166	『実践理性批判』……………………94
犬猿の仲 ……………………………86	さいころ ……………………………23	四手柳葉英 ……………………………51
言語的ビッグバン …………………138	財産所有の民主制 …………………204	自転車 ………………………………123
『源氏物語』…………………………122	最多本塁打 …………………………75	信太妻 ………………………………102
遣隋使 ………………………………155	斎藤月岑 ……………………………88	信太巻き ……………………………102
倦怠期 ………………………………134	『斎藤月岑日記』……………………88	篠原勝之 ……………………………178
現代のマーク・トウェイン ………78	『サイボーグ宣言』…………………234	芝浦製作所 ……………………………16
ケンペレン, ヴォルフガング・フォン	サインペン ……………………………15	シバンムシ …………………………166
……………………………………123	酒井雄哉 ……………………………198	シボレー・MW ……………………148
こいのぼり1世・2世 ………………80	寒河江ダム …………………………164	島崎藤村 ……………………………173
コイレン, ルドルフ・ファン ………154	阪田寛夫 ……………………………90	島津製作所 …………………………164
『光学の書』…………………………199	作馬六郎 ……………………………150	ジム …………………………………204
皇居 ………………………………72	さくら …………………………………98	下関講和会議 ………………………151
『交響曲第6番イ短調《悲劇的》』	梨人 …………………………………72	社会政策 ……………………………237
……………………………………188	笹井醇一 ……………………………80	ジャガイモの上の救世主 …………125
『交響曲第9番《二短調作品125》』	囁きの回廊 …………………………74	ジャッキー ……………………………100
……………………………………162	『サッちゃん』………………………89	ジャニー喜多川 ………………………12
『広辞苑』……………………………111	佐藤栄作 ……………………………17	ジャニーズ ……………………………11
公衆トイレ …………………………197	サトシ …………………………………103	ジャービス, アンナ …………………116
絞首台 …………………………………90	里山 …………………………………52	『ジャンヌ・サマリの肖像』………160
洪水 …………………………………51	ザ・ドン ……………………………114	シュウィンガー, ジュリアン ……176
降水ナウキャスト ……………………52	讃岐富士 ……………………………141	『拾機算法』…………………………196
『紅白歌合戦』………………………213	『サバイバー・シリーズ』…………42	銃砲道 ………………………………185
興福寺 ………………………………161	サムギョプサル ……………………61	終声 ……………………………………155
声なき凱旋 …………………………92	サモアの怪人 ………………………37	柔道 …………………………………216
ゴーギャン, ポール …………………64	サーリネン, エーロ …………………114	樹脂電気 ……………………………184
五行説 ……………………………100	サルゴ事件 …………………………78	修二会 ………………………………136

ジュネーブ宣言 …………178	ステラ, フランク・フィリップ …66	「タイプライター」 …………102
シュペーリ, アルベルト …………240	ストカラ …………………138	大分配関数 …………………104
シューメーカー＝レヴィ第9彗星	『ストッパー毒島』 …………136	太平洋ゴミベルト …………28
………………………………56	スドラ ……………………175	大名の数学者 ……………195
シュメール人 ……………110	ストルイビンのネクタイ ………89	たい焼き …………………87
ジュリア島 …………………190	ストルイピン, ビョートル・アルカ	「たい焼の魚拓」 ……………88
シュルレアリスム …………175	ジエヴィチ ……………………90	ダイヤモンド ………………18
シュレンジャー, ダン ………78	スーパーサモア人 ……………38	「抱きしめたい！」 …………212
春画 …………………………167	スパース・ナ・クラヴィー教会	ターク ………………………124
春華堂 ………………………73	…………………………126	「タクシードライバー」 …………190
淳仁天皇 ……………………124	スパーン, ウォーレン ………198	托卵 …………………………117
春帆楼 ……………………152	スピン …………………………152	竹下登 ………………………201
蜻蜓計画 ……………………54	スープカレー …………………100	武富済 ………………………196
正月 …………………………10	スプラッター・ホラー …………35	『蛸と海女』 ………………168
小寒 …………………………210	スプリングエフェメラル ………56	太宰府天満宮 ………………18
永久の乳 ……………………123	「滑りやすい坂道」論法 ………238	田島貴男 ……………………133
消極的自由 …………………195	スーペルクラシコ ……………140	田尻智 ………………………104
定石 …………………………212	墨字 …………………………122	ダスキン ……………………86
定跡 …………………………212	すやまたけし ………………153	『ダストアンドイリュージョンズ』
『笑点』 ……………………9	スライダー …………………59	…………………………64
焦点の自殺 …………………128	スローン, トッド ……………35	タタ財閥 ……………………186
聖徳太子 ……………………155	聖火リレー ……………………77	タタ, ジャムシェドジ ………186
小惑星 ………………………117	静山社 …………………………78	立川流 ………………………192
女土ハナ ……………………49	止四面体 ……………………23	「脱コーマニズム宣言」 ………240
諸国民の中の正義の人 ……179	星条旗 …………………………14	伊達政宗 …………………129
ジョージ6世 ………………216	精神腫瘍学 …………………165	田中耕一 ……………………163
ショスタコーヴィチ, ドミトリー・ド	精神病者監護法 ……………238	タヌキ …………………………98
ミトリエヴィチ ………………183	生成言語 ……………………138	田端酒造株式会社 ……………78
除虫菊 ………………………112	生成文法 ……………………178	タブカラ交響曲 ……………116
ショートケーキの日 …………31	聖セバスチャン ……………126	「だまし絵のだまし絵」 ………67
ジョン・F・ケネディー空港 …113	聖セバスティアヌス …………126	だまし絵の帝王 ……………67
生物多様性 …………………52	田村ゆかり ………………160
シラー, フリードリヒ・フォン …162	政府四演説 …………………217	溜息橋 ………………………214
シリアヒグマ …………………65	世界一うるさいスタジアム ……94	「ダメ。ゼッタイ。」 ……………94
『死霊のはらわた』 ……………36	世界三大食べ方 ………………89	タラ …………………………10
シルクロード …………………89	世界で最も孤立した木 ………177	ダラス・カウボーイズ ………85
シルゲン, フリッツ ……………78	『世界の車窓から』 ……………110	鱈膓 …………………………10
『白い巨塔』 ……………………90	セーガン, カール ………………32	ダルグリッシュ警部 …………216
シロツメクサ …………………14	セカンド・オピニオン …………78	「タルムード」 …………………154
『シンコペイテッド・クロック』	『赤死病の仮面』 ………………80	単位を表す漢字 …………149
…………………………102	セコイア ………………………126	炭化ケイ素 ……………………235
真言 ………………………191	積極的自由 …………………195	短期大学 …………………79
真言宗 ………………………191	セナ, アイルトン ……………72	『探求の論理』 ………………214
真珠湾攻撃 …………………201	線遠近法 ……………………60	ダンケンドーナツ ……………86
『新生』 ………………………174	センチュリーリンク・フィールド	男子大学 ……………………79
新世界への玄関 ……………173	…………………………94	ダンス☆マン ………………38
人体解剖 ……………………75	前適応 ………………………174	断層地震説 …………………172
人体の不思議展 ………………66	千日回峰行 …………………198	単独無寄港世界一周航海 …41
『シンデレラ』 ………………12	千宗恩 ………………………62	短命の総理大臣 ……………192
新日本三景 …………………76	扇風機 ………………………15	チェスタトン, ギルバート・キース
シンフォニア・タブカラ …………116	草原の道 ……………………89	…………………………233
シンプソン, ウォリス ………215	『蔵志』 ………………………75	チェロキー文字 ……………126
『人物レファレンス事典』 ……235	増上寺 ………………………153	知恩寺 ………………………218
人民戦線 …………………232	曹操 …………………………201	治外法権 ……………………76
ジライム ………………………24	総左 …………………………27	「契りおきし させもが露を いのちにて あ
心理トリック ……………………233	**相馬事件** …………………238	はれ今年の 秋も去ぬめり」 ……198
森林のクリスタル ……………127	相馬誠胤 ……………………237	「チコタン」 …………………202
『隧身庭騎絵巻』 ……………237	族（周期表） …………………48	父の日 ………………………116
スイス連邦 …………………122	ソナヌ, ピエール ………………66	腟内 …………………………235
水平線 ………………………10	ゾープ ………………………166	血の上の救世主教会 ………126
数学の日 ……………………16	空飛ぶ自転車 …………………117	地平線 ………………………10
数字は独身に限る …………100	「そりすべり」 ……………101	チャーチル, サー・ウィンストン
数独 …………………………99	ソルバトクロミズム …………148	…………………………17
『素顔同盟』 …………………154	ゾロアスター教 ……………175	茶心月 ………………………80
菅原都々子 …………………214	ソロギター …………………139	チャレンジャー号 ……………203
菅原道真 ……………………18	孫文 …………………………162	中央気象台長 …………………153
過ぎたるは及ばざるがごとし …122	大阿闍梨 ……………………197	**仲秋天皇** …………………124
杉原千畝 ……………………179	大喪 …………………………209	チュラロンコーン, プラ・パラミン
杉村楚人冠 …………………110	大局将棋 ……………………100	ドル・マハ ……………………188
スクールアイドル ……………209	タイ三大王 …………………187	超現実主義 …………………176
スコセッシ, マーティン ………189	『大序曲 1812 年』 ……………188	『ちょちょちゃん』 ……………39
スズムシ ……………………7	ダイス …………………………23	チョムスキー, ノーム …138,177
スタジオタブラ ………………38,112	『大ソナタ』 ……………………105	散布山 ………………………138
『スタートレック』 ……………135	タイトル・シークエンス ………41	月修産計画 …………………53
スターリン, ヨシフ …………183	『第二次大戦回顧録』 ………18	「つくってあそぼ」 ……………35
スターレット, ジョイ ………214	**大日本除虫菊** ……………112	ツダルスキー, マティアス ……114
スティーヴンス, ジョージ ……214	台風 …………………………49	『土の器』 ………………………90

筒美京平 …………………159	富山ブラック …………………210	野副鉄男 …………………152
綱引き …………………10	豊田文景 …………………196	ノーベル賞辞退者 …………156
坪内道通 …………………12	豊原市 …………………44	ノーベル賞の複数受賞 ……47
敦賀信人 …………………200	ドライジーネ …………………124	ノーベル文学賞 …………18
ツル多はげます会 …………168	ドライス, カール …………124	ノーベル平和賞 …………18
手合割 …………………212	「トラトラトラ」 ……………202	飲む …………………59
帝冠様式 …………………44	『トランペット吹きの休日』…101	海苔 …………………141
定言命法 …………………94	トリスカイデカフォビア ……91	ノルマントン号事件 ………75
ディズニーランド ………10	トルコ石 …………………124	襲世清 …………………156
ディーム, カール …………170	トルコ人 …………………124	パイラオール …………129
デヴェールト, ピート ……130	トレンディ戦争 …………211	ハーヴェイ, ラリー ………64
テキサス・レンジャーズ …85	トロイア戦争 …………167	南風泊市場 …………152
「できるかな」 …………36	どろだんごの神様 …………32	馬鹿 …………………163
「テクノうどん」 …………142	トロツキズム …………231	「破戒」 …………………174
デシメートル …………150	トロンプルイユ ………26,67	破毀院 …………………40
デジューレスタンダード …26	ナウキャスト …………52	朴賛浩 …………………234
手食 …………………90	ナウシカアー …………138	白描 …………………62
鉄のみゅーじしゃん …………80	ナオミョー …………………176	『博物誌』 …………………128
デーデルライン桿菌 ………236	「長いお別れ」 …………23	博報神社例大祭 …………238
デーデルライン, アルベルト・ジグ	長井長義 …………………237	ハゲ …………………167
ムント・グスタフ ………236	「なかったコトにして」 ……38	ハーゲンス, ギュンター・フォン
手抜き (囲碁・将棋) ……212	中原与茂九郎 …………110	…………………65
テネレの木 …………178	仲間由紀恵 …………18	橋本篤 …………………78
手拍子 …………………212	鳴き龍 …………………124	橋本病 …………………77
デファクトスタンダード …172	泣語家 …………………124	パスカリーヌ …………186
デベイズマン …………26	なだしお事件 …………214	パスカル, ブレーズ ……185
デーモンコア …………116	七緒はるひ …………………116	初瀬街道 …………………63
デュ・フェ, シャルル・フランソワ	ナナサンマル …………26	バター …………………93
…………………184	ナナちゃん …………64	ハタナイアツシ a.k.a.総裁 …141
『デューン／砂の惑星』……110	ナポリピッツァ …………30	働きバチ …………………49
寺井広樹 ………………72,124	ナレースワン …………168	八部衆 …………………162
寺田랭次郎 …………………110	「汝の意志の格率が, 常に同時に普遍	『ハックルベリー・フィンの冒険』
テルシテス …………168	的立法の原理として妥当しうるよう	…………………203
田園都市 …………54	に行為せよ」 …………93	発酵バター …………93
電気二流体説 …………183	離識漢字 (植物) …………101	発車メロディー …………79
電球 …………………16	「なんなんすかこれ」 ……91	発送電分離 …………236
電撃文庫 …………98	南北戦争 …………………179	バッチム …………………156
点富術 …………………196	ニカラグア手話 …………138	バッツマン …………113
点字 …………………122	ニカラグア内戦 …………233	初雪 …………………77
天神乗り …………36	肉じゃが …………………12	ハーディン, ギャレット・ジェイム
天物 …………………88	ニコリ …………………100	ズ …………………239
同音の四字熟語 …………29	虹色の谷 …………142	鳩レース …………129
ドゥカーレ宮殿 …………213	西口文也 …………………37	「花深く咲く処, 行跡なし」…86
東急田園都市線 …………10	錦織團清 …………………237	ハナレグミ …………133
東京ディズニーランド ……10	仁科時成 …………………37	バーニングマン …………64
峠の国盗り綱引き合戦 ……12	西の善き魔女 …………112	羽田空港 …………………13
東郷平八郎 …………………12	西単寂山 …………………138	バネ電話 …………………49
陶磁の道 …………………28	西村真琴 …………………116	ハーネマン, ウィリアム ……78
東芝 …………………16	二十四節気 …………………209	ハネムーン …………134
同人誌即売会 …………237	似絵 …………………62	ハネット, トマス …………179
唐人町 …………………142	日外アソシエーツ …………236	場の量子論 …………173
同性愛の守護聖人 …………125	『日曜日〜ひとりぼっちの祈り〜』	パパコトっ …………………66
東大寺 …………………9	…………………202	ハーバード, フランク ……109
東大紛争 …………………239	日光東照宮薬師堂 …………73	母の日 …………………115
灯台もと暗し …………………54	ニット界の貴公子 …………79	パパラッチ …………………71
擬音語法 …………………24	ニッパー …………………75	パブリックアイ賞 …………188
『東都歳時記』 …………87	日本三景 …………………76	浜崎あゆみ …………214
同籠中の首席 …………………93	日本三大夜景 …………76	浜名湖すっぽんの郷 ………74
『東方 Project』 …………237	日本酒度 …………………92	浜松市 …………………9
東方神起 …………………147	日本の Mr. ル・マン ……115	ハミルトニアン …………102
道相雅量 …………………86	日本橋三越 …………………10	林忠四郎 …………………114
東洋食品工業短期大学 ……80	ニューヨーク近代美術館 …64	ハラウェイ, ダナ・ジェーン …233
灯籠 …………………61	ニューヨーク・ヤンキース …163	パラウド, フランシス ……75
徳間書店 …………………38	ニリンソウ …………………55	バラ自殺 …………………71
徳間康快 …………………38	ニワトリ …………………51	パラスケビデカトリアフォビア …92
都市型洪水 …………………116	『にわとりのジョナサン』…128	パラダイス山元 …………26
ドッキリ企画 …………231	仁寛 …………………191	バラ肉 …………………62
ドッグイヤー …………88,152	人間性クイズ …………232	バリカン症 …………142
ドッグラン …………………98	人間で言えば○○歳 ………88	ハリケーン …………49
特攻機 …………………163	忍者集団 …………………130	ハリストス復活大聖堂 …126
ドッド, ソノラ …………116	根尾谷断層 …………………171	バリ砲 …………………140
トバ・カタストロフ理論 …176	ネズミイルカ …………55	『ハリー・ポッター』 ……77
トバ山 …………………176	捏造事件 …………………178	バーリン, アイザイア ……196
飛梅 …………………73	ネビュラ賞 …………110	春一番 …………………73
飛び地 …………………151	ノアの方舟 …………147	春一番の塔 …………73
富野由悠季 …………29	濃尾地震 …………………172	「遙かなる山の呼び声」…214
朝永振一郎 …………173	『ノージーのひらめき工房』…36	バルカンチェンジ …………136

251

パールシー … 176	「ふざけたロスタイムですねぇ」… 91	ベルニエ, ルイージ … 68
バルジャー, ツワング … 142	藤子・F・不二雄 … 179	ベンクソン, ステラン … 150
春植物 … 56	藤田剛史 … 218	べんてる … 16
バルト三国 … 188	伏見稲荷大社 … 103	ほうえんきょう座 … 47
春の妖物 … 56	藤原隆信 … 62	放射性廃棄物 … 179
バルビエ, ニコラス・マリー・シャル … 122	藤原忠通 … 197	「放射能の暖かみ」 … 139
ハロゲン … 105	藤原信実 … 62	包装食品工学科 … 79
ハワード, エベネザー … 53	藤原基俊 … 197	蓬莱家三 … —
反 Amazon 法 … 88	ブジマチェンジ … 136	法隆寺 … 14
ハングル … 155	豚（状態異常）… 124	暴力団新法 … 112
反証可能性 … 214	「二つの自由概念」 … 195	ポー, エドガー・アラン … 79,124
万松寺 … 153	「ふたりの夏物語─NEVER ENDING SUMMER─」 … 135	ボカ・ジュニアーズ … 139
鑁数 … 87	ブータン料理 … 231	ポーキー … 124
半母音を含む都市名 … 11	淵田美津雄 … 202	「ポケットモンスター」 … 103
ハント, マーク … 38	プーチン, ウラディーミル・ウラディーミロヴィチ … 62	ポケモンの生みの親 … 103
「般若心経」 … 191	舟橋栄吉 … 110	「星月夜」 … 64
「バンプ・ブレード」 … 39	プニクトゲン … 106	細川政元 … —
ピエ … 28	プニコゲン … 106	菩提寺 … 154
比叡山 … 197	「不毛地帯」 … 90	ぼたん … 98
非椿三原則 … 18	ブライユ, ルイ … 121	北海道三大夜景 … 150
ひがしくに教 … 191	フライング・ダッチマン … 129	北楠評議会 … —
東久邇宮稔彦王 … 192	ブラウバリア朝 … 157	北楠ラーメン … 191
東地区 … 60	「ブラウン神父の童心」 … 233	ボッサードの法則 … 72
東ティモール民主共和国 … 151	ブラジリアン柔術 … 216	ポツワナの政治 … 44
光の殿堂 … 240	プラスティネーション … 66	ボツワナ民主党 … 150
光る泥団子 … 32	ブラストノック … 66	ボディ・ファーム … 190
ビゴー, ジョルジュ … 75	ブラックアウト … 30	ボトルネック効果 … 176
ピザ … 15,29	ブラック企業大賞 … 188	ホネイナハムシ … 23
被子植物系統発生グループ … 235	ブラック・サバス … 112	ポパー, カール … 213
菱田春草 … 209	ブラック・ペインティング … 64	ポーポイズ現象 … 56
左手用のハサミ … 28	ブラックホール脱毛定理 … 174	ホメオパシー … 78
ピッチドロップ実験 … 180	ブラックロック・シティ … 63	ボーリング, ライナス … 48
ピッツァ・ナポリターナ … 30	ブラッドマン, ドナルド … 114	ボルドー … 165
ヒッピー … 118	プラトンの問題 … 178	ホルマリン漬け … 66
「ビートたけしのお笑いウルトラクイズ」 … 231	フラメンコ … 129	ボルマン, マルティン … 66
人取橋の戦い … 129	フラメンコ界のニジンスキー … 129	ホワイトアウト … 30
ヒトラー, アドルフ … 203	フランシスコ・ザビエル … —	盆栽猫 … 168
ビートルズ … 117,161	ふりかけ … 60	ボーンシェイカー … 124
ヒノキチオール … 151	フリガリうスカイデカフォビア … —	盆石 … 126
日比谷線 … 32	フリシスネヒト, トーマス … 118	本籍地 … 71
日比谷松本楼 … 162	プリムス・インテル・パーレス … 94	盆石を打つ … 126
火袋 … 62	ふるさと創生事業 … 202	ホンドギツネ … 98
「皮膚の下の頭蓋骨」 … 216	ブルネレスキ, フィリッポ … 60	マイカット … 92
ヒポクラテスの誓い … 177	ブルバック … 106	舞鶴市 … 11
紐なしバンジー … 28	フルビット … 216	マーヴェレッツ … 161
百人一首 … 197	ブルム, レオン … 232	マウスブルーダー … 117
百万遍 … 217	ブルンの戦い … 179	前田光世 … 216
ヒューゴー賞 … 110	フレアー, リック … 80	マカロナージュ … 28
ピュート地形 … 142	プレコックス感 … 218	マカロン … 28
ひょうちゃん … 162	ブレム ミュアエ … 128	マカロン・パリジャン … 28
標準体 … 210	「ブレンバワード」 … 128	巻き上げ機 … 59
広瀬光治 … 80	プロスト, アラン … 72	マキトヨヒコ … —
ヒンクリー, ジョン … 190	プロバンス語 … 109	「牧場の朝」 … 110
符 … 88	プロポーズ … 71	マグヌス効果 … 184
「ファイアーエムブレム」 … 231	分配関数 … 104	マグリット, ルネ … 25
ファイストスの円盤 … 68	ヘイスブレヒツ, コルネリス・ノル … —	マクリーン, ウィルマー … 180
ファイトレディエーション … 56	ベルトッス … 68	マケドニア … —
ファインマン, リチャード … 173	ベイ・バー・ビュー … 42	マコーリフ, クリスタ … 204
ファシズム … 231	並列処理 … 184	マジックカット … 92
ファーブル, ジャン・アンリ … 110	平和メディク … 44	マジック・ザ・ギャザリング … 217
フィールズ賞 … 137	ベストの守護聖人 … 125	真島利行 … 152
風営法 … 141	ベゾス, ジェフ … 87	麻雀の点数計算 … 87
フェニーチェ劇場 … 214	ペダル2世 … 136	ますむらひろし … 102
フェミニズム … 234	ヘッジズ, マイケル … 140	マダガスカル島 … 65
フェルディナンドア島 … 190	別府市 … 12	「魔弾の射手」 … 236
フォークス, ガイ … 66	ベーテ, ハンス … —	松岡佑子 … 78
フォッシー, ダイアン … 204	ベートヴェン, ルートヴィヒ・フ … 161	松尾芭蕉 … 211
福岡県 … 18	ベトナム戦争 … 156,239	松風天鳥 … 148
袱紗 … 62	ベネチア … 213	松本安太郎 … —
フクジュソウ … 55	ベネルクス三国 … 188	マッセイ・ファーガソン … 116
福田康夫 … 85	ベリー, クリフォード … 177	マツムシ … —
複利計算 … 73	ヘルヴェティア … 122	松山商業 … 41
フグ料理 … 152	ベルホーフ … 204	「魔法の弾丸」 … 236
福禄寿 … 18	ヘルシンキ宣言 … 178	継子立て … 126
ブサイク … 167		麻薬・覚せい剤乱用防止センター … 93
		マーラー, グスタフ … 187

252

マラリア	202	もみじ	98	リーキーズ・エンジェル	204
マリス, ロジャー	76	もーりすカー	149	離婚式	71
マリナーラ	29	『森の歌』	184	リス	28
マリモ	115	モロトフ, ヴャチェスラフ・ミハイ		リスボン宣言	178
丸亀製麺	141	ロヴィチ	90	リゾラッティ, ジャコモ	147
マルゲリータ	29	モロトフカクテル	90	立石寺	212
漫画における引用	239	モロトフのパン籠	90	リヒテンフェルト, イミ	165
慢性甲状腺炎	118	モンキー乗り	36	リヒトホーフェン, フェルディナン	
マン島	68	モンティック	28	ト・フォン	90
マントラ	192	モンドセレクション	77	リーフェンシュタール, レニ	239
マントル, ミッキー	76	焼きそば用ふりかけ	60	リプレット	30
マンネリ	134	屋久島電工	236	リーベルプレート	140
『見えない人』	234	『約束の海』	214	リャナンシー	68
ミサゴ	93	薬物乱用防止	93	リュウグウノオトヒメノモトユイノ	
ミシュナ	153	『椰子の実』	174	キリハズシ	56
自ら考え自ら行う地域づくり事業		安井曽太郎	112	リュムケン, ヘンリクス・コルネリウ	
	201	保田隆芳	36	ス	217
ミスタードーナツ	86	ヤド・ヴァシェム	118	緑黄色野菜	47
ミスド	86	ヤナーエフ, ゲンナジー・イヴァノ		緑寿庵清水	218
水ビジネス	190	ヴィチ	234	『リリエンフェルトスキー滑降術』	
水メジャー	190	矢野勝嗣	42		113
ミズーリ号	202	山片蟠桃	176	『リング0 バースデイ』	18
溝口康	110	山鯨	98	涙活	124
道無き道	24	山口久美子	17	ル＝グウィン, アーシュラ	112
ミツクリエナガチョウチンアンコウ		山崎豊子	213	ル・コルビュジェ	196
	154	山田奈緒子	17	ルース＝アーロンペア	172
箕作佳吉	156	山田典彦	79	ルース, ベーブ	75,172
蜜月	134	山寺	211	ルドルフの数	154
ミツバチ	49	大和青垣国定公園	64	ルナール	112
三菱樹脂事件	36	山辺の道	64	ルノワール, ピエール＝オーギュス	
ミード, ジェイムズ・エドワード		山村貞子	17	ト	159
	204	山脇東洋	75	ル・マン24時間耐久レース	115
南沙織	159	ヤン・アールデン系	130	レアル・マドリード	43
南安雄	201	維摩会	197	レイク・ウォビゴン効果	130
ミニマル・アート	118	有機王水	186	例大祭（同人イベント）	238
箕面市	159	優美な屍骸	176	レオナード漁	74
宮沢賢治	101	有楽町線	31	レーガン, ロナルド	190
宮沢俊哉	135	ゆかりん	159	列車砲	139
宮脇康介	88	『ユダヤ戦記』	125	レッチワース	54
宮部金吾	116	ユナイテッドアローズ	212	レッドアウト	15
宮本茂	104	『夢の代』	175	レ・ドゥク・ト	156
宮本信子		ゆるキャラ	79	レーニン, ウラジーミル・イリイチ	
ミラーニューロン	148	『夜明け前』	174		231
『ミンボーの女』	112	養殖物（たい焼き）	88	レファレンスクラブ	236
ムーア, アニー	174	妖精	67	レルヒ, テオドール	114
ムーア, チャールズ	28	煬帝	156	恋愛格差	30
向谷実	80	余寒	210	恋愛資本主義	30
無言の凱旋	92	ヨーギー, マハリシ・マヘーシュ		『恋愛レボリューション21』	37
無言の帰宅	92		118	『練習曲「鉄道」』	105
ムザの谷	196	横山大観	209	ロヴァニエミ	150
ムジークフェライン	118	横山隆一	162	六条御息所	122
『虫愛づる姫君』	138	吉丸末吉	60	六波羅探題	122
ムニョス, ミゲル	44	吉村家	210	ロス・セネイセス	140
村田製作所	68	ヨセフスの問題	126	ロス・ポステロス	140
村田理知	68	ヨセフス, フラウィウス	126	ロデオドライブ	135
明応の政変	172	夜のお菓子	73	ロールズ, ジョン	203
名鉄百貨店	119	四尺玉	37	ロールスロイス	115
メガネ	210	四類感染症	104	『論語』	121
メタンフェタミン	238	雷都	25	『論語』由来の言葉	122
メドックマラソン	166	ライトノベル	97	矮鶏	156
メニンガー, カール・アウグストゥ		ライミ, サム	35	ワクワクさん	35
ス	128	ライリー, アンディ	159	ワジ	151
『メルツェルの将棋差し』	124	ラインカラー（東京メトロ）	31	忘れられた権利	86
メンザ号	76	ラウンドアバウト	134	渡辺和郎	118
綿棒	43	ラカーユが制定した星座	48	和文通話表	73
藻岩山	150	ラカーユ, ニコラ・ルイ・ド	48	『ワルツィング・キャット』	102
蒙古タンメン	191	『落穂集』	174		
蒙古タンメン中本	192	ラグランジアン	102		
毛利氏	94	ラグランジュ関数	102		
朦朧体	210	ラグランジュ, ジョゼフ＝ルイ	102		
モエラキ海岸	200	羅生門 龍寿	77		
木銃	186	ラバウルの貴公子	80		
木星	55	『ラブライブ！』	210		
モズライト	116	ラームカムヘーン	188		
モーゼル	128	『ラ・メタモルフォシス』	130		
モーゼル, ルードウィック	128	リアルト橋	214		
没骨技法	210	理科の科目	53		

253

キミには無理かも!?
東大クイズ研 異次元クイズ

2015年2月17日　初版第1刷発行

著　者	東京大学クイズ研究会
発行者	鵜野義嗣
発行所	株式会社データハウス
	〒160-0023　東京都新宿区西新宿4-15-19
	☎ 03-5334-7555（代）
	HP http://www.data-house.info/
印刷所	三協企画印刷
製本所	難波製本

Ⓒ東京大学クイズ研究会

2015、Printed in Japan

落丁本・乱丁本はお取り替えいたします。　1199

ISBN978-4-7817-0199-8　C0036